Pia Heft 2/2008
Sterben, Endlichkeit und Tod

Inhalt

Psychotherapie im Alter

Forum für
Psychotherapie,
Psychiatrie,
Psychosomatik
und Beratung

Herausgegeben von
Peter Bäurle, Münsterlingen; Johannes Kipp, Kassel; Meinolf Peters, Marburg/
Bad Hersfeld; Hartmut Radebold, Kassel; Astrid Riehl-Emde, Heidelberg;
Angelika Trilling, Kassel; Henning Wormstall, Schaffhausen/Tübingen

Psychosozial-Verlag   P🔳V

Impressum

Psychotherapie im Alter
Forum für Psychotherapie, Psychiatrie, Psychosomatik und Beratung

ISSN 1613–2637
5. Jahrgang, Nr. 18, 2008, Heft 2

ViSdP: Die Herausgeber; bei namentlich gekennzeichneten Beiträgen die Autoren. Namentlich gekennzeichnete Beiträge stellen nicht in jedem Fall eine Meinungsäußerung der Herausgeber, der Redaktion oder des Verlages dar.

Erscheinen: Vierteljährlich

Hg: Dr. Peter Bäurle, Dr. Johannes Kipp, Dr. Meinolf Peters, Prof. Dr. Hartmut Radebold, PD Dr. Astrid Riehl-Emde, Dipl.-Päd. Angelika Trilling, Prof. Dr. Henning Wormstall

Die Herausgeber freuen sich auf die Einsendung Ihrer Fachbeiträge! Bitte wenden Sie sich an die Schriftleitung:
Dr. Johannes Kipp
Ludwig Noll Krankenhaus, Klinik für Psychiatrie und Psychotherapie
Klinikum Kassel
Dennhäuser Straße 156, 34134 Kassel
Tel. 0561/48 04-0 · Fax 0561/48 04–402
E-Mail: j.kipp@psychotherapie-im-alter.de
www.psychotherapie-im-alter.de

Redaktionelle Mitarbeit: Klaus Rudolf Schell (Schwerte)
Übersetzungen: Keri Shewring

Satz: Hanspeter Ludwig, Gießen

Umschlagabbildung: Rolf Escher: »ohne Titel« o. J. © VG Bild-Kunst, Bonn 2008

Anfragen zu Anzeigen bitte an den Verlag: anzeigen@psychosozial-verlag.de

Abonnentenbetreuung
Psychosozial-Verlag
E-Mail: bestellung@psychosozial-verlag.de
www.psychosozial-verlag.de

Bezug
Jahresabo 49,90 Euro · 85,50 SFr (zzgl. Versand)
Einzelheft 14,90 Euro · 26,80 SFr (zzgl. Versand)
Studierende erhalten gegen Nachweis 25% Rabatt.
Das Abonnement verlängert sich um jeweils ein Jahr, sofern nicht eine Abbestellung bis zum 15. November erfolgt.

Die Herausgabe der Zeitschrift wurde von 2004–2008 von der Robert-Bosch-Stiftung gefördert.
Die Herausgeber danken auch für die Unterstützung durch die Arbeitsgruppe Psychoanalyse und Altern, Kassel.

Editorial

Sterben, Endlichkeit und Tod

»Sterben, Endlichkeit und Tod« – so hieß das Thema des 19. Kasseler Symposiums über Psychoanalyse und Altern. Die Druckversionen der dort gehaltenen Vorträge bilden den Inhalt dieses Heftes. Warum wurden in den bisherigen 18 Symposien Sterben und Tod noch nie ausführlich behandelt? Man könnte doch erwarten, dass bei älteren Patienten mit ihrer höheren Sterbewahrscheinlichkeit Sterben und Tod häufiger Thema in Psychotherapien sind als bei jüngeren Patienten. Eine Erklärung für dieses auffällige Fehlen könnte sein, dass man sich in den Anfangsjahren der sich etablierenden Alternspsychotherapie eher mit den Entwicklungsmöglichkeiten im Alter befasste und weniger mit den Begrenzungen und dem Tod, um sich von den bis dahin vorherrschenden Altersstereotypien der Stagnation und des Verfalls zu lösen. Auch standen bisher die über 60- und 70-Jährigen im Mittelpunkt unserer Aufmerksamkeit, also Menschen im sogenannten dritten Lebens-alter. Patienten des vierten Lebensalters, also jenseits des 80. Lebensjahres, in dem das Alter oft zum Leiden werden kann und von dem der Altersfor-scher Paul Baltes sagte, es sei am besten, gar nicht erst in die Jahre dieser Lebensphase hineinzuleben, standen noch sehr wenig im Blickwinkel der Alterspsychotherapeuten. Der Ausspruch von Baltes (Etzold 2003) in einem Zeitungsinterview macht den emotionalen Widerstand deutlich, den wir alle bei Annäherung an dieses vierte Lebensalter spüren. Er zeigt aber auch, dass es notwendig ist, zwischen Sterben und Tod zu differenzieren. Baltes spricht ja gerade nicht von dem Schrecken des Todes, sondern von der Angst vor Hilflosigkeit und Siechtum.

Die alten Patienten in meiner Praxis schreckt weniger der Tod als vielmehr die Aussicht auf ein elendes Siechtum und die möglicherweise qualvollen Um-stände des Sterbens. Aber ist es wirklich so einfach, wie Pollock (1982) sagt, dass »anders als jüngere Patienten der alte Patient den Tod nicht fürchtet«? Kein Mensch kann sich einen Zustand vorstellen, in dem es ihn als denkendes und erlebendes Wesen nicht mehr gibt, das eine wie auch immer geartete Beziehung zu einer Umgebung aufrechterhält. Diesem Dilemma der Un-Denkbarkeit bzw. Nicht-Symbolisierbarkeit des Todes wirkt die Vorstellung von einem Weiterleben nach dem Tode entgegen. Das Sterben kann ängstigen, während der eigene Tod vielleicht eher die grundlegende Kränkung impliziert, nicht mehr zu existieren. Die Beiträge dieses Heftes beschäftigen sich also mit Themen, die sowohl bei Therapeuten als auch bei Patienten Angst, Unlust und Widerwillen wachrufen und zur Verleugnung einladen können.

Die Diskussionen der einzelnen Vorträge gestalteten sich außerordentlich lebhaft und emotional. Das ist zum einen den Vortragenden zu verdanken, zum anderen aber auch der Gelegenheit, über emotional hoch besetzte, aber meist tabuisierte Themen sprechen zu können. Sörries spricht zwar davon, »dass die alten Tabus, nicht über Sterben, Tod und Trauer zu sprechen, zerbrachen.« Aber er betont auch, »dass die im öffentlichen Diskurs überwunden geglaubte Tabuisierung des Todes wieder dominiert, sobald das Antlitz des Todes in unserem persönlichen Umfeld sichtbar wird«. Die einzelnen Beiträge bieten sehr vielfältige Blickwinkel auf die Themen des Symposiums. Sie seien hier nur stichwortartig angeführt: Suizid (Altenhöfer), psychoanalytische Reflektionen (Biermann), unbewusste Körperwahrnehmungen bei letalen Erkrankungen und Gegenübertragung in der Altenpflege (Junkers), Demenz (Kojer), Literatur (Luft), Religion, Musik (Raguse), Bestattungsriten (Sörries), Narzissmus (Teising), Religion (von der Stein).

Es ist interessant, dass sich zwei Beiträge (Raguse, Teising) auf die »facts of life« von Roger Money-Kyrle (1971) beziehen, insbesondere auf die Erkenntnis der Unvermeidlichkeit von Zeit und Tod. Nun beruht das Konzept der facts of life auf dem platonischen Denkhintergrund Bions mit seinen inneren Ideen bzw. Präkonzepten. Und das Bionsche Denken bildet gegenwärtig häufig die Basis für psychoanalytische Reflektionen. Man kann sich aber auch fragen, warum gerade diese »facts of life« so populär geworden sind unter Analytikern. Liegt es daran, dass sie eine Ergänzung für unser Theoriengebäude bilden, in dem vielleicht manchmal gewisse Lebenstatsachen gegenüber Hypothesen und Theorien zu kurz kommen? So ist die Erwähnung des Todestriebes inflationär geworden. Aber der reale Tod verschwindet dabei leicht aus dem Blick.

An zwei Themen entzündete sich die Diskussion besonders lebhaft, an Fragen des Glaubens und der Religiosität (Raguse, von der Stein) und an der Möglichkeit von Gewaltbereitschaft und ausagierter Gewalt in der Gegenübertragung bei der Pflege alter, hinfälliger, besonders auch dementer Menschen (Junkers, Kojer). In ihrer Mehrzahl sind Psychotherapeuten bzw. Psychoanalytiker eher glaubens- und religionsskeptisch. Mit den heute alten Menschen nahe ihrem Lebensende, die oft noch eine religiöse Sozialisation erlebt haben, begegnet der Therapeut aber häufig einer intensiveren Beschäftigung mit

Glaubensinhalten bzw. auch Glaubenskonflikten. Sie zu vernachlässigen hieße die seelische Wirklichkeit des Patienten nicht vorbehaltlos anerkennen. Es zeigte sich, dass hier ein großer Diskussionsbedarf besteht, da diese Themen in der Fachliteratur kaum behandelt werden.

Besonders emotional gestaltete sich die Diskussion der Gewalt in der Altenpflege (Junkers, Kojer), erkennbar auch an manchen Missverständnissen und sprachliche Fehlleistungen. Dieses Thema überschreitet die Grenzen der Psychotherapie und betritt einen hochbrisanten gesellschaftlichen Raum. Vom Patienten ausgehende projektive Identifizierungen und charakterliche Prädispositionen auf Seiten von Pflegepersonen können eine unheilvolle Allianz bilden. Die Altenpflege stellt hohe persönliche und fachliche Anforderungen an das Personal. Dem damit verbundenen Kostendruck versucht man sich aber gesellschaftlich durch Problemverleugnung zu entziehen. Einem ähnlichen Phänomen begegnet man derzeit auch bei der Diskussion der außerfamilialen Kleinkindbetreuung, wo man sich gerne in Diskussionsschleifen verliert und dabei die hohen gesellschaftlichen Kosten verleugnet, die eine Bereitstellung von ausreichend vielen und genügend kompetenten Betreuungspersonen erfordern würde.

So ist es ein Charakteristikum des Symposiums und damit auch dieses Heftes, dass die Beiträge ein lebendiges Oszillieren ermöglichen zwischen einer detaillierten Untersuchung des therapeutischen Raumes und dem Übergang zu allgemeineren Fragen der Conditio humana, der Geschichte, der Kunst und der Gesellschaft.

Eike Hinze (Berlin)

Literatur

Etzold S (2003) Altersforschung. Der Rat der Greise. DIE ZEIT 33:24.
Money-Kyrle R (1971) The Aim of Psychoanalysis. Int J Psychoanal 52: 103–106.
Pollock GH (1982) On Ageing and Psychopathology. Int J Psychoanal 63: 275–281.

Korrespondenzadresse:
Dr. Eike Hinze
Westendallee 99f
14052 Berlin
E-Mail: *e. f.hinze@t-online.de*

Das Museum für Sepulkralkultur und die neue Gesprächsfähigkeit über Sterben, Tod und Trauer

Reiner Sörries (Kassel)

Zusammenfassung

Die gesellschaftliche Diskursbereitschaft über Sterben, Tod und Trauer hat sich in den letzten 20 Jahren wie zu keiner anderen Zeit gewandelt. Mitte der 1980er Jahre etablierten sich unabhängig voneinander zwei gesellschaftliche Bewegungen, die Hospizbewegung und die der Mütter und Väter, die ihr Recht auf Trauer um totgeborene Kinder einklagten. Auch die Bestattungskultur wandelte sich. Öffentliche Meinung und Politik folgen diesem Wandel und stützen Eigenverantwortlichkeit und Selbstbestimmung, die auch in diesem Bereich einen immer höher werdenden Stellenwert einnehmen. Das 1992 eröffnete Museum für Sepulkralkultur ist selbst ein Ergebnis dieser sich verändernden Einstellung.

Stichworte: Trauerkultur, Pietätlosigkeit, Aids-Erkrankung, ethische Standards, Hospizbewegung, Sterbehilfe, Death Education

Abstract: The museum of Sepultura culture and the ability to talk about dying, death and mourning

The willingness to talk about dying, death and mourning has changed in the last 20 years like never before. In the mid-80s two independent social movements took root: the hospice movement and the mothers' and fathers' movement who claimed their rights to mourn for their stillborn children. The sepultura culture even changed. Public opinion and politics followed this change and supported personal responsibility and self-determination, which are also of ever growing importance. The Museum of Sepultura culture, which opened in 1992, is in itself a result of this altered attitude.

Key words: mourning culture, impiety, AIDS, ethical standards, hospice movement, medically assisted suicide, death education

Einführung

Als 1992 mit dem Museum für Sepulkralkultur in Kassel das erste und einzige Museum in Deutschland und auch in Europa eröffnet wurde, das sich ausschließlich mit den Themenkomplexen Sterben und Tod befasst, herrschten auch Skepsis oder zumindest ungläubiges Erstaunen. Schon der Name löste Unsicherheit aus – denn wer ist schon des Lateinischen kundig und weiß, dass das lateinische Wort »sepulcrum« Grab oder Grabstätte bedeutet – und manche Journalisten bedachten die neue Institution gar mit dem Namen »Totenmuseum«. 16 Jahre später ist auch der damit verbundene leichte Spott gewichen, und das Sepulkralmuseum hat sich zu einem Kompetenzzentrum für Sterbe-, Bestattungs- und Trauerkultur entwickelt. Rückblickend kann man außerdem feststellen, dass das neue Museum sogar eine Zäsur in der gesellschaftlichen Bewertung von Sterben und Tod markiert, denn heute verzeichnen wir eine gesellschaftliche Diskursbereitschaft über diese Themen wie zu keiner anderen Zeit. Um es vorweg zu sagen, das ist nicht das Verdienst des Museums, sondern das Museum ist selbst Ergebnis einer sich verändernden Einstellung. Dazu muss man bemerken, dass die Gründung des Museums durch die Arbeitsgemeinschaft Friedhof und Denkmal bereits im Jahr 1984 erfolgte, und mit diesem Jahr ist der Beginn des mentalen Umbruchs noch präziser bezeichnet.

Einstellungswandel

Mitte der 1980er Jahre etablierten sich zeitgleich und unabhängig voneinander zwei gesellschaftliche Bewegungen, die klein begannen, mit Widerständen zu kämpfen hatten und heute nicht mehr wegzudenken sind. Aus England kommend, fasste einerseits die Hospizbewegung in Deutschland Fuß, und es organisierten sich andererseits Mütter und Väter, die ihr Recht auf Trauer auch um totgeborene Kinder einklagten. Beide Gruppierungen wagten eine Revolution gegen herrschende Meinungen. Während Ärzte und klinisches Personal »wussten«, wie man stirbt, und dass man um Leibesfrüchte unter 1000 Gramm nicht trauert, formulierten Menschen nun ihre eigenen Wünsche. In der Hospizbewegung ging es darum, die Bedürfnisse der Sterbenden zu artikulieren und ein Sterben in Würde einzufordern, und in den Regenbogen-Initiativen formierten sich Eltern, um ihr Recht auf Trauer auch um die »Frühchen« einzufordern. Während beide Gruppen anfangs mit starken

Widerständen aus den »Expertenkreisen« zu kämpfen hatten, sind sie heute aus dem gesellschaftlichen Leben nicht mehr wegzudenken. Nicht nur Ärzte und Krankenhäuser, auch Politik und Kirche öffneten sich nur zögerlich den hospizlichen Gedanken, und es dauerte Jahre, ehe Grabfelder für Totgeborene oder Feten nun auf vielen Friedhöfen eingerichtet wurden.

Wenn man so will, wagte eine Laienkultur den Aufstand gegen die bis dahin herrschende Expertenkultur. Und es waren ähnliche Bewegungen in anderen Bereichen festzustellen. Ebenfalls seit Mitte der 1980er Jahre entstand der Brauch, am Ort tödlicher Unfälle, Straßenkreuze zu errichten – oftmals gegen den Widerstand der Straßenverkehrsbehörden. Die alten Tabus, nicht über Sterben, Tod und Trauer zu sprechen, zerbrachen, und es entstand eine ungewohnte Gesprächsfähigkeit, die sich auch öffentlich artikulierte. In den Medien war das alte »Novemberthema« plötzlich salonfähigfähig geworden. Während man ehedem den Themenkreis allenfalls im Umfeld der traditionellen Totengedenktage zwischen Allerheiligen und Totensonntag anzusprechen wagte, so ist er heute in Zeitungen und im Fernsehen ganzjährig präsent. Zu keiner Zeit sprach man soviel über das Lebensende wie heute, und der graue Markt im Internet trug das Seine dazu bei. Hier entstanden unzählige Foren und Webseiten mit beratenden Angeboten, mit Möglichkeiten zum uneingeschränkten Austausch und mit virtuellen Gedenkseiten. Die Welt der Sterbe- und Trauerkultur hatte sich entscheidend zu ändern begonnen.

Will man den Zeitpunkt dieses Paradigmenwechsels genauer fassen, dann kann man die Gründung des Museums für Sepulkralkultur 1984 heranziehen. Und im selben Jahr wurde im Münchner Stadtmuseum mit der großen Ausstellung »Die letzte Reise – Sterben, Tod und Trauersitten in Oberbayern« die erste große Präsentation dieses Themas gewagt. Insofern haben die Museumsleute durchaus Anteil an dieser Bewegung, allerdings eher im Sinne einer Reaktion auf sich wandelnde Mentalitäten denn als Initiatoren. Aber seit dieser Zeit vergeht kein Jahr ohne kleinere und größere Ausstellungen, die sich dem Phänomen des Todes widmen.

Veränderung der Bestattungskultur

Auch die Bestattungskultur hat sich verändert, ebenso die Beurteilung dieses sich sehr dynamisch vollziehenden Wandels. Es war ebenfalls in der Mitte der 1980er Jahre, als sich mit der anonymen Bestattung ein neuer Umgang mit der Trauer abzeichnete. Viele Menschen, zumal die *Experten*, machten wesentlich finanzielle Erwägungen der Menschen und ihre angebliche Pietätlosigkeit für die namenlose Beisetzung unter dem grünen Rasen verantwortlich. Steinmetze und Friedhofsgärtner lasteten ihre ausbleibenden Aufträge einem gesellschaftlichen Werteverfall an. Aus heutiger Sicht wissen wir jedoch, dass ein Großteil der anonymen Beisetzungen ebenfalls als Protest gegen eine Friedhofskultur der starren Normierungen verstanden werden muss. Wenn strenge Gestaltungsrichtlinien in den Friedhofssatzungen eine persönliche Grabgestaltung verhinderten, weil dieses nicht erlaubt und jenes verboten war, dann flüchteten immer mehr Menschen in eine Verweigerungshaltung gegenüber der von den Experten diktierten Grabkultur.

Nur wenig später kreierten Menschen, die an der Immunschwächekrankheit AIDS erkrankt waren oder Freunde und Freundinnen aus diesem Umfeld zu betrauern hatten, eine eigene Grabstätten- und Trauerkultur. So entstand 1992 auf dem Ohlsdorfer Friedhof in Hamburg die Grabstätte »Memento« als Gemeinschaftsgrabanlage für Menschen, die an dieser heimtückischen Krankheit verstorben waren. Und auch ihre Bestattungsfeiern sahen anders aus. Bunt statt schwarz war ihre Trauerkleidung, ein Glas Prosecco am offenen Grab hielt man durchaus für angemessen und statt düsterer Grabreden ließ man bunte Luftballons in den Himmel steigen. Hielt man diese Art des Umgangs mit Trauer zunächst für eine skurrile Form der Abschiednahme einer gesellschaftlichen Randgruppe, so erfreuen sich längst alternative Bestattungs- und Grabformen steigender Beliebtheit. Und wie bei den Aidskranken geht es nicht um das Anderssein, sondern um die Sicherung der eigenen Identität. Wenn heute die Fans des Hamburger Sportvereins ihre gruppenspezifischen Trauerfeiern mit einem Sarg in Vereinsfarben und dem Abspielen der Stadionhymne abhalten und anschließend die Urne mit dem HSV-Emblem auf dem eigenen Fanfriedhof beisetzen, dann ist dies nur die Spitze des Eisberges einer sich wandelnden Trauerkultur.

Die kommunale und einheitliche Friedhofskultur, wie sie seit Anfang des 19. Jahrhunderts als Modell einer neuen demokratischen Gesellschaft entwickelt wurde, ist inzwischen einem multikulturellen Friedhofskonzept gewichen, in dem Menschen über die Zugehörigkeit zu einer Gruppe ihrer Person über den Tod hinaus Identität verleihen. Muslime und Buddhisten, Esoteriker und Freidenker, Christen und Atheisten sammeln sich auf den Friedhöfen in eigenen Gruppen.

Öffentliche Meinung und Politik folgen diesem Wandel des gesellschaftlichen Bewusstseins und stützen Eigenverantwortlichkeit und Selbstbestimmung, die neuen Werte in der postmodernen Gesellschaft. Für den eigenen Tod Vorsorge zu leisten, zählt zu den neuen definierten Formen der Lebensgestaltung. Dazu haben auch die medizinischen Fortschritte in der Organtransplantation und die Möglichkeiten zur Lebensverlängerung beigetragen. Die persönliche Einstellung zur Organspende oder die Auseinandersetzung mit lebenserhaltenden Maßnahmen erfordert die Unterschrift unter einen Organspendeausweis oder eine Patientenverfügung, während der Gesetzgeber gefordert war und ist, diese Fragen um das Lebensende auch in praktikable Gesetze umzugießen. Der Bundestag diskutiert über Embryonenforschung und über Sterbehilfe und muss sich so mit ethischen Fragen am Lebensbeginn und am Lebensende befassen. Es waren somit äußere Umstände, die den öffentlichen Diskurs über Leben und Tod erforderlich machten.

Menschenwürde und Selbstbestimmung

Mit der zu beachtenden Würde des Menschen und seinem Recht auf Selbstbestimmung hielt eine neue Dimension des Menschenbildes Einzug in Politik, Gesellschaftsordnung und Kultur. Das Museum für Sepulkralkultur ist nicht Auslöser dieser Entwicklung, aber ein Indiz dafür. Sein Gründungsdatum 1984 ist ein Anhaltspunkt für den historischen Beginn dieser Entwicklung, die auch noch längst nicht abgeschlossen ist, weil sich die ethischen Fragestellungen im Zuge der demographischen Entwicklung und im Verlauf der Diskussion um finanzielle und personelle Ressourcen eher noch verschärfen werden. Medizinische und pflegerische Standards müssen ebenso auf den Prüfstand wie die persönlichen Fragen, die mit dem Lebensende zusammenhängen. Und während die Biologen und Mediziner im Zusammenwirken mit den Juristen längst in die Diskussion um ethische Standards des sterbenden Menschen eingetreten sind, gibt es bis heute noch nicht einmal Ansätze um eine Ethik des toten Menschen, der einerseits noch der Willkür der Bestattungspflichtigen und andererseits den turbulenten Entwicklungen eines freien Bestattungsmarktes ausgesetzt ist.

Die Würdediskussion, die von Hospizbewegung und Regenbogeninitiativen ausgelöst wurde, war sehr stark an den Bedürfnissen der Lebenden orientiert. Dass es auch Rechte der Toten gibt, dringt erst allmählich ins Bewusstsein. Die heute vielfach propagierte Bestattungsvorsorge einschließlich einer Willenserklärung über die Art und Weise der Trauerfeier, der Beisetzungsart und des Grabortes ist noch nicht der Weisheit letzter Schluss. Sie erweist sich dann als Problem, wenn die Verfügungen des Menschen zu Lebzeiten mit den Bedürfnissen der Angehörigen des Verstorbenen kollidieren. Hier wird es nur zu einem sinnvollen Ausgleich der Erwartungen kommen, wenn die öffentliche Diskursfähigkeit auch die private Sphäre erreicht. Denn sobald das Antlitz des Todes in unserem persönlichen Umfeld sichtbar wird, dominiert mit einem Mal doch wieder jene im öffentlichen Diskurs überwunden geglaubte Tabuisierung des Todes.

Ein Ansatzpunkt für ihre Überwindung kann die aus dem angloamerikanischen Bereich stammende Idee einer *Death-Education* sein, für die es aber in der deutschen Sprache noch nicht einmal eine adäquate Übersetzung gibt. Denn es geht nicht um eine *Erziehung zum Tod*, sondern um die Vermittlung von Wissen in diesem Umfeld. Denn mit der Vielfalt der Bestattungs- und Trauerformen und der heute gegebenen Entscheidungsfreiheit ist auch die Notwendigkeit verbunden, die entsprechenden Inhalte und trauerpsychologischen Erfahrungen zur Kenntnis zu nehmen. Das Museum für Sepulkralkultur in Kassel kann ein solcher Ort der *Death Education* sein, mehr aber: es will sich dafür einsetzen, nicht der einzige Ort zu bleiben. Die Auseinandersetzung mit den letzten Dingen bedarf vielfältiger Kenntnisse, wie dies auch für alle anderen Bereiche moderner Lebensführung und -gestaltung gilt.

Weitere Entwicklung

Von dieser Entwicklung ist nicht nur Deutschland betroffen, sondern in allen Industrieländern zeigt sich Ähnliches. Und mag es auch so sein, dass Deutschlands Nachbarn schon länger eine flexiblere Bestattungs- und Trauerkultur besitzen, so sind doch verschiedene Fragestellungen ländertypisch. Man denke nur an die nicht verstummen wollende Diskussion um die aktive Sterbehilfe in der Schweiz und den damit auch verbundenen »Tourismus« von Sterbewilligen. Andere Länder haben auch die Fragen der Embryonenforschung anders geregelt oder handhaben die Bedingungen für die Organtransplantation anders. Deutschland ist ein Land, in dem derartige Fragestellungen erst mit einer geraumen Verzögerung eintreffen, doch sie haben mit der eingangs skizzierten Hospiz- und Regenbogen-Bewegung nun auch unser Land erreicht.

Man darf aber die Wandlungen in der Sterbe- und Trauerkultur nicht isoliert betrachten. Sie sind vielmehr Teil einer sich insgesamt ändernden Gesellschaft, in der Eigenverantwortung und Selbstbestimmung einen immer höheren Stellenwert einnehmen. *Die letzten Dinge* treten eben immer zuletzt in unser Gesichtsfeld. Heute sind diese Fragestellungen angekommen, füllen Regalmeter in den Buchhandlungen und finden breiten Raum in den Medien. Helfende und pflegende Berufe sind ebenso involviert wie Politiker und Gewerbetreibende. Seminare und Kongresse, Ausstellungen und Diskussionsforen sowie Ethikkommissionen und Internetforen bieten heute Gelegenheit zum Austausch. Stand am Anfang ein Aufstand der Laien gegen die Experten, so wird heute ein intensiver Austausch zwischen ihnen an die Stelle der Konfrontation rücken müssen, denn es geht um Menschen und eine der intimsten Erfahrungen im menschlichen Leben.

Weiterführende Literatur

Grimkowski S (2004) Was von mir übrig bleibt. Bestattungen heute – was möglich und was noch nicht möglich ist. Frankfurt/M.

Roland O (Hg) (2006) Friedhof – Ade? Die Bestattungskultur des 21. Jahrhunderts. Mannheim.

Sörries R (2001/2002) Der Tod im Museum. Anmerkungen zur Musealisierung der letzten Dinge. Rheinisches Jahrbuch für Volkskunde 34. Band, 175–198.

Sörries R (2005) Der Umgang mit Tod und Toten in Ausstellung und Museum. In: Liebelt U, Metzger F (Hg) Vom Geist der Dinge. Das Museum als Forum für Ethik und Religion. Dokumentation der gleichnamigen Fachtagung in Dresden. Bielefeld, 87–114.

Sörries R (2006) Perspektivenwechsel. Bestattungskultur im Umbruch. In: Franz A, Poschmann A, Wirtz HG (Hg) Liturgie und Bestattungskultur. Trier, 58–63.

Uden R (2006) Wohin mit den Toten? Totenwürde zwischen Entsorgung und Ewigkeit. Gütersloh.

Korrespondenzadresse und Hinweis auf das Museum:
Prof. Dr. Reiner Sörries
Direktor des Museums für Sepulkralkultur
Museum für Sepulkralkultur
Weinbergsraße 25–27
34117 Kassel
0561–91893-0
info@sepulkralmuseum.de
www.sepulkralmuseum.de
geöffnet di – so 10–17 h, mi bis 20.00 h
öffentliche Führungen jeden Mi 18.00 h
Führungen für Gruppen nach telefonischer Anmeldung

Gerhard Bliersbach

Leben in Patchwork-Familien

Halbschwestern, Stiefväter und
wer sonst noch dazugehört

Mit einem aktuellen Vorwort
zur Neuausgabe

edition psychosozial

2007 · 198 Seiten · broschiert
ISBN 978-3-89806-743-0

Horst-Eberhard Richter

Patient Familie

Entstehung, Struktur und Therapie
von Konflikten in Ehe und Familie

edition psychosozial

2007 · 250 Seiten · broschiert
ISBN 978-3-89806-820-8

Lebensformen und Familien befinden sich im Wandel. Gerhard Bliersbach sieht dies als »ungeplantes Experiment der Evolution der Lebensformen«. Dazu gehört als Normalfall der Moderne die Auflösung alter familiärer Gefüge und deren Zusammensetzung in neuen Konstellationen. Eine davon ist die Patchwork-Familie, in der sich Partner mit leiblichen und nichtleiblichen Kindern zu einer gemeinsamen Lebensform entschließen. Das Buch beschreibt ein sehr typisches Patchwork-Familiensystem: die Mutter, deren Kinder, den Stiefvater und ein gemeinsames leibliches Kind.

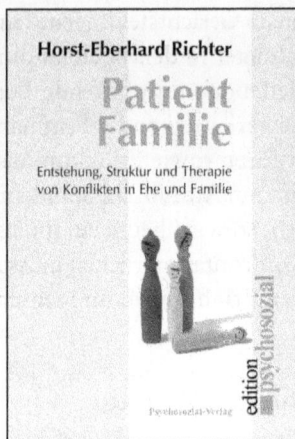

Horst-Eberhard Richter gibt eine grundlegende und umfassende Darstellung der Familientherapie basierend auf der Psychoanalyse. Anhand authentischer Krankengeschichten und Behandlungsbeispielen illustriert der Autor die Chancen dieses Heilverfahrens, weist aber zugleich auf mögliche Schwierigkeiten hin. Das Buch richtet sich nicht nur an Angehörige sozialpädagogischer Berufsgruppen, sondern darüber hinaus an ein interessiertes Laienpublikum.

P🏛V
Psychosozial-Verlag

Goethestr. 29 · 35390 Gießen · Tel. 0641/9716903 · Fax 77742
bestellung@psychosozial-verlag.de
www.psychosozial-verlag.de

Das Bild des Todes in barocken Chorälen und Kantaten. Gedanken zu Roger Money-Kyrles drittem Analysenziel »Annahme des Todes«

Hartmut Raguse (Basel)

Zusammenfassung

Der Vortrag geht aus von einer Formulierung der Ziele einer Psychoana-
lyse durch Roger Money-Kyrle, in der er als drittes Ziel die Annahme des
Todes und die Bearbeitung der Todesangst nennt. Es wird dann gefragt,
wie der Umgang mit dem Tod in den Kantaten zum Totensonntag von J.
S. Bach gestaltet ist. Drei Formen werden hier an Beispielen gezeigt: Tod als
Vergänglichkeit, als verfolgendes Gericht und schliesslich die Annahme des
Todes in einer mehr oder weniger gelingenden Verbindung von Verzweiflung
und Erlösung. Als theoretischer Hintergrund wird auf die Formulierung der
paranoid-schizoiden und der depressiven Position hingewiesen.

Es wird weiterhin der Frage nachgegangen, wie wohl die damaligen Hörer
im Gottesdienst auf die Kantaten reagiert haben, und eine Analogie in der
Wirkung dramatischer Predigten gesucht, wie sie im autobiographischen
Roman »Anton Reiser« von K. Ph. Moritz beschrieben wird.

Stichworte: Money-Kyrle, Annahme des Todes, depressive Position, Kantaten,
K. Ph. Moritz, das Erhabene

Abstract: The image of death in baroque chorals and cantatas. Thoughts on Roger Money-Kyrles third goal of analysis »Acceptance of death«

This lecture is based on a formulation of goals in psychoanalysis by Roger
Money-Kyrle. In this psychoanalysis, the acceptance of death and dealing
with agony is mentioned as the third goal. Then, how death is dealt with in
the cantatas by J. S. Bach for Trinity Sunday will be questioned. Here, three
forms will be demonstrated by means of examples: death as transitoriness,
as haunting justice, and finally the acceptance of death in a more or less

successful association between desperation and redemption. As theoretical background the formulation of the paranoid-schizoid and the depressive position will be pointed out. Furthermore, the question of how the listeners originally reacted to the cantatas during the services will be pursued and an analogy in the effect of dramatic sermons as depicted in the autobiographical novel »Anton Reise« by K. Ph. Moritz will be examined.

Key words: Money-Kyrle, Acceptance of death, depressive position, cantatas, K. Ph. Moritz, the superior

Theoretische Hinführung

Wenige Arbeiten haben mich in meiner analytischen Ausbildung und Arbeit mehr angeregt, als der nur dreieinhalbseitige Aufsatz von Roger Money-Kyrle »The aim of Psychoanalysis«. Wolfgang Loch zitierte ihn vor über 20 Jahren in Basel und war höchst erstaunt, als ihn niemand kannte. Der englische Autor verwebt zwei Themen kunstvoll ineinander: erstens die Psychoanalyse als kognitiven Prozess, der die emotionalen Hindernisse zu beseitigen versucht, die uns an der Erkenntnis der Wirklichkeit hindern. Im günstigen Fall kann dann eine Erkenntnis aufleuchten, die aber eher eine Wiedererkenntnis von etwas schon Bekanntem ist, wie Plato es verstand. Das geschieht, wenn die Präkonzepte im Sinne Bions, gleichsam die *inneren* Ideen, erinnert werden und die Wirklichkeit in einem neuen und klareren Lichte erscheinen lassen.

Diese Idee soll nun zweitens eine andere Fragestellung befruchten. Was ist überhaupt das Ziel einer Analyse, oder auch: welche Präkonzepte sind es vor allem, die in einer erfolgreichen Analyse herausgearbeitet werden?

Money-Kyrle nennt deren drei:

1. die Erkenntnis der guten Brust als eines im höchsten Grade guten Objektes,
2. die Erkenntnis der elterlichen sexuellen Verbindung als eines im höchsten Masse kreativen Aktes und schließlich
3. die Erkenntnis der Unvermeidlichkeit von Zeit und letztlichem Tod.

Während 1 und 2 für den Kleinianer Money-Kyrle unzweifelhaft Präkonzepte voraussetzen, die in der psychischen Entwicklung nur noch realisiert werden, zweifelt er beim dritten Punkt und folgt darin wohl Freud, der ja gesagt hatte, dass der Mensch kein inneres Bild vom Tode habe. Money-Kyrle kommt auf diesen Punkt nicht mehr zurück und verweilt stattdessen länger dabei, wie die ersten beiden Ziele, sei es in einer gesunden Entwicklung, sei es in einer Analyse, erreicht werden können.

Das lasse ich beiseite, und ich frage mich mit ihm, ob diese drei Themen mehr zufällig sind, oder ob sie die Breite analytischer Ziele umspannen. Ob es sich dabei tatsächlich um *Präkonzepte* handelt, interessiert mich hier weniger. Ich frage vielmehr nach der Funktion dieser Bilder bei der Erkenntnis möglicher Objekte und nicht nach deren Herkunft. Am einfachsten ist hier die Antwort bei der Anerkennung der sogenannte Urszene als kreativem Akt. Die entsprechende Phantasie ist geradezu der Inbegriff einer *triadischen* Beziehung und für Kleinianer Vorläufer des sog. klassischen Oedipuskomplexes. Die Anerkenntnis der guten Brust hat mehr eine *dyadische* Struktur, die gute Brust ist mit der schlechten nicht verbunden, es stehen vielmehr zwei Dyaden nebeneinander. Und schliesslich der Tod. Hier geht es primär um *mich*, um die *Einheit*, oder anders gesagt: um den *Narzissmus*. Zwar hat dieser Narzissmus auch dyadische Anteile als Beziehung zu sich selber, aber alles das betrifft erst sekundär auch den Anderen, sofern dieser zur Repräsentanz des Narzissmus wird.

Wenn Money-Kyrle an die Unvermeidlichkeit der Zeit erinnert, dann sind wir an dem zentralen narzisstischen Thema, an der Konfrontation mit der Endlichkeit, und wir erinnern uns vielleicht an das Deutsche Requiem von Brahms:

>*» Herr, lehre doch mich,*
>*dass ein Ende mit mir haben muss*
>*und mein Leben ein Ziel hat*
>*und ich davon muss«.*

Die Einübung in Tod und Vergänglichkeit ist immer wieder der Versuch, die Kränkung des menschlichen Narzissmus durch die Endlichkeit vorauslaufend zu überwinden. Wie aber ist das Sterbenlernen möglich? Hier ist Money-Kyrle leider ein wenig vage und sprunghaft. Ich muss deshalb versuchen, seine wenigen Worte zu ergänzen. Das Baby, so sagt er, erlebt notwendigerweise, dass keine gute Erfahrung ewig währt. Was kann es tun mit dieser Enttäuschung? Es ist möglich, das gute Objekt zu vergessen oder aber sein Gutsein zu vergessen und sich stattdessen ein Substitut zu erschaffen. Damit sind aber der Perversion die Tore geöffnet. Die andere Möglichkeit ist nun, das verlorene gute Objekt zu betrauern und es am Schluss dieses Trauerprozesses in sich aufzunehmen.

Das genau ist das Analysenziel. Aber, so ergänze ich, diese Verinnerlichung durch Trauer ist zugleich die Bedingung der Möglichkeit, den Tod ohne zu grosse Schrecken anzunehmen. Denn wenn ich auch selber endlich bin, so ist doch dieses ideale Objekt als Erbe des Narzissmus gleichsam ewig, weil unzerstörbar (Schafer 1968). Ist aber das gute Objekt *für* mich, wer kann mir dann noch etwas antun? Oder in der Sprache Paul Gerhardts:

> *Ist Gott für mich, so trete gleich alles wider mich,*
> *so oft ich ruf und bete, weicht alles hinter sich.*
> *Hab ich das Haupt zum Freunde und bin geliebt bei Gott,*
> *was kann mir tun der Feinde und Widersacher Rott'?*

Konkretisierung

Das christliche Reden vom Tod geschieht nun immer wieder im Lichte der Gewissheit eines Gegenübers, das zum Menschen fest steht. Um den Sinn dieses Redens zu verstehen, bedarf es nicht der Annahme des Begriffs eines übernatürlich existierenden Gottes. Alles, was ich sage, kann im Sinne Schleiermachers als Ausdruck »frommer Gefühlserregungen« verstanden werden, womit wir uns in romantischer Sprache der Subjektivitätslehre der Psychoanalyse annähern.

Wenn wir uns konkret barocken Texten und heute speziell einigen Texten aus Kantaten zum Totensonntag von Johann Sebastian Bach zuwenden, so werden wir sehen, dass die Wirklichkeit des Todes in ihnen auf mindestens vier Weisen dargestellt wird, als *Vergänglichkeit*, als *drohendes Strafgericht*, als *innerer Konflikt* und als *selige Hoffnung*.

Vergänglichkeit

Ich beginne mit der Vergänglichkeit. Die Choralkantate Nr. 26 von 1724 nach einem Text von Michael Franck aus der Zeit nach dem Dreissigjährigen Krieg ist ihr ganz gewidmet.

»*Ach, wie flüchtig, ach wie nichtig ist der Menschen Leben*« *(Bach 2007, Bd. 11)*, so beginnt der Eingangschor. Fernab von Strafgericht oder Todessehnsucht geht es in einem recht weltlichen Sinne um die Vergänglichkeit, um die Flucht der Zeit. Die erste Tenorarie bringt das imitierend zum Ausdruck: »*So schnell ein rauschend Wasser schiesst, so eilen unser Lebens-*

tage«. Traversflöte und eine Solovioline stellen virtuos das fließende Wasser dar (als Musik z.B. Koopman Vol. 14, CD 2, Nr. 2).

Die folgenden Rezitative und Arien beziehen sich immer wieder auf die Vergänglichkeit allen irdischen Wesens, und dass der Tod das Ende aller narzisstischen Selbstdarstellung sei, sagt das Rezitativ 5 mit einer anderen Sprache recht deutlich:

» Wer gleichsam als ein Gott gesessen, entgeht dem Staub und Asche nicht. «

Erst der letzte Vers des Schlusschorals führt aus der säkularen Vergänglichkeit heraus: *» Wer Gott fürcht, bleibt ewig stehen«.* Nur hier findet der Hörer eine Lösung für die durchgehende Endlichkeit. Vorher wird sie ihm allein ästhetisch erträglich gemacht. Niemand muss beim Hören verzweifeln, die Schönheit der Welt, die ja noch besteht, wird von der Musik aufgenommen und gleichsam als Lohn für die Mühe geschenkt, die darin besteht, sich ganz der Vergänglichkeit hinzugeben.

Drohendes Strafgericht

Viel furchterregender ist schon der Titel der Kantate 90 *» Es reisset euch ein schrecklich Ende ihr sündlichen Verächter«.* Wir stehen vor dem Jüngsten Gericht und müssen uns fragen lassen, ob wir zu diesen sündlichen Verächtern gehören. Das Jüngste Gericht ist ja eine Spaltung der Welt hin zur Verwerfung und zur endgültigen Erlösung. Noch aber ist Zeit zur Entscheidung zum Bösen oder Guten, und die Kantate will sicherlich zum Guten führen. Das macht sie mit einer Gerichtsinszenierung in der dramatischen Eingangstenorarie, die sich in der ersten Bassarie noch steigert; unheimlich tönt vor allem die Trompete (Tromba), die mit glissandoartigen Läufen die drohende Macht des Gerichtes und der Rache zeigt. Der Text ist sicherlich keine grosse Dichtung:

» So löschet im Eifer der rächende Richter
den Leuchter des Wortes zur Strafe doch aus«,

aber es wird klar, worin die göttliche Rache besteht. Da wir uns im Bereich des orthodoxen Protestantismus befinden, ist das Auslöschen des Wortes die endgültige Katastrophe: es ist das Auslöschen des Evangeliums, der guten, der einzigen guten Botschaft. In anderer Sprache: der Sünder wird einer paranoiden Gerichtsangst ausgesetzt, ohne jede Zuflucht zu einem schützenden

Objekt. Hören können Sie diese Arie ganz auf CD. (z. B. Koopman Vol. 8, CD 3, Nr. 22).

Ich weiss nicht, wie es Ihnen beim Hören geht, aber bei mir stellt sich die Erschütterung nicht so recht ein. Zu gross ist die Verführung durch das Kunstwerk, durch die Tonsprache. Gewiss, es tauchen innere Bilder vom Jüngsten Gericht auf, angeregt durch Matthäus 24, den Evangelientext des betreffenden Sonntags oder durch die Apokalypse. Aber selbst wenn man einen Schauer fühlt, wie es mir gelegentlich noch beim Dies irae aus Mozarts Requiem geht, der Schauder bleibt innerhalb des Kunstwerkes gefangen, wir erleben im stärksten Falle einen kurzen heftigen Affekt, aber dieser vergeht wieder.

Innerer Konflikt

Wie mögen Bachs Hörer diese Werke gehört haben? Waren sie so tief erschüttert, wie wir es in historischer und vielleicht auch glaubensmässiger Distanz nicht mehr zu sein vermögen? Ich kenne keinen Bericht über die zeitgenössische Wirkung von Kantaten. Aber es gibt einen subjektiven und dadurch umso glaubhafteren Bericht über die Wirkung von Predigten. Sie wurden damals mit allen rhetorischen Mitteln als grosse Sprechdramen mit gelegentlichen Längen von mehr als zweieinhalb Stunden vorgetragen und übten tatsächlich eine ausserordentliche emotionale Wirkung aus. Wir finden diese Schilderung im autobiographischen Roman »Anton Reiser« von Karl Philipp Moritz (1894) und zwar dort in der Episode seiner Hutmacherlehrzeit in Braunschweig. Eine dieser Predigten handelt vom Meineid, und der hochverehrte Pastor Paulmann lässt verbale Donner über den Verbrecher rollen; Berge bedecken ihn schliesslich, unter denen er sich zu verstecken sucht, und – so lesen wir – »ein panisches Erschrecken bemächtigte sich aller Zuhörer«. Dann wird zwar die Gnade zugesprochen, aber sie muss mit vielen Tränen und reicher Buße erkauft werden. »*Alles zerschmolz nun in Wehmut und Tränen. ... Da war kein Kind, das nicht sympathetisch mitgeseufzt und mitgeweint hätte*«. Waren die Braunschweiger nun spezielle Meineidige, dass sie so erschüttert wurden? Der noch jugendliche Anton selber ist sich keines Meineids bewusst, zerfliesst aber doch in Rührung und geht erhoben aus der Kirche. Als er sich einige Wochen später mit Selbstmordgedanken trägt und derselbe Pfarrer ausgerechnet über den Tod predigt, da ist es für ihn allerdings zu viel: »*Niedergeschlagnes und betrübtes Herzens ging er zu Hause, und vierzehn Tage lang machte ihn diese Predigt melancholisch*« *(79)*. Rührung und Erhebung bleiben aus.

Wie ist die Macht dieser Rhetorik erklärlich? Lessing hatte die Wirkung des Trauerspiels in Anlehnung an Aristoteles damit erklärt, dass die Zuschauer durch die Erfahrung von Furcht und Mitleid ihre eigenen Gefühle klären und damit zu einer höheren ethischen Stufe gelangen könnten. Nun sind Gerichtsdarstellungen in Kantaten oder Predigen keine Trauerspiele, allenfalls sind sie es für die Sünder, – für alle anderen haben sie letztlich ein gutes Ende. Aber die Angst vor Gericht und Tod wird durch solche Veranstaltungen doch angezündet, eine Angst, die Christen trotz aller Gnadenzusage immer ein wenig bewahren. Kann man aber vermuten, dass die Wirkung der Paulmannschen Predigt oder der Leipziger Musik auf Furcht und Mitleid beruhe und die Gefühle zu ethisch höheren reinige? Der Gräzist Wolfgang Schadewaldt hat 1954 darauf hingewiesen, dass die Übersetzung »Furcht und Mitleid« nicht recht stimme. Aristoteles habe vielmehr die elementaren Uraffekte »Schrecken« und »Jammer oder Rührung« gemeint, und das trifft die Braunschweiger Predigtinszenierung in der Tat viel besser. Es sind wirklich die von Moritz beschriebenen Affekte. Schadewaldt meinte auch, dass die Gefühle nicht gereinigt und auf ein moralisch höheres Niveau geleitet, sondern vielmehr reinigend abgeführt würden. Wir erinnern uns dabei leicht an die Parallele zur kathartischen Methode Breuers und des frühen Freud. Er fügt hinzu, dass gelegentlich auch die Gefühle selber dabei verändert würden. Soweit das zutrifft, hätten die Kantatenhörer Bachs die Gelegenheit gehabt, ihre Affekte und Phantasien, soweit sie den Tod betreffen, verändernd berühren zu lassen. Im Sinne der Kleinschen Schule hieße das, die paranoide Angst in eine depressive zu verwandeln und diese durch die Möglichkeit der Sorge für den Anderen und durch Wiedergutmachung teilweise zu überwinden.

Ein anderer Deutungsrahmen kann hier noch etwas weiterhelfen. In seinen beiden Schriften über den Begriff des Erhabenen nimmt Schiller einen zentralen Begriff Kants auf, der in seiner Ästhetik den Begriff des Schönen neben den des Erhabenen gestellt hatte. Man müsse dabei wiederum das Erhabene vom Furchtbaren unterscheiden. Furchtbar sei eine natürliche oder auch schicksalhafte Macht, die wir als schlechterdings Unterlegene erlebten. Beispiele dafür sind in der Sinnenwelt die Gewalt des windgepeitschten Ozeans oder aber im moralischen Bereich die Macht des Todes. Erhaben wird beides erst dann, wenn wir eine letztliche Sicherheit gegenüber der Gewalt haben. Und für den Kantianer Schiller (1793, 1801) darf diese Gewissheit nichts Sinnliches sein, sondern muss auf moralischer Gewissheit ruhen, die in der Vernunft wurzelt und das absolute Gefühl der Überlegenheit vermittelt. Nicht die Anschauung der Auferstehung würde den Tod erhaben machen, sondern allein die vernunftgemässe Überzeugung von der Idee der Unsterblichkeit. Die Ästhetik des Erhabenen beruht nun genau darauf, das Furchtbare so zu vermitteln, dass es einerseits seine Gewalt zeigt und andererseits dem Beschauer die Sicherheit vermittelt, nicht überwältigt zu werden. Die vielen Darstellungen von Seestürmen, ausbrechenden Vulkanen oder stolzen Gebirgsriesen im 18. Jahrhundert verfolgen genau diesen Zweck, das Furchtbare als Erhabenes zu zeigen. Nur im Vorübergehen möchte ich erwähnen, dass die Sprache der Ästhetik des Erhabenen sich mühelos in die Ihnen vielleicht vertrautere Sprache Bions übersetzen lässt. Es geht darum, chaotische Wahrnehmungen in einen Rahmen einzufügen und sie damit erst erfahrbar und denkbar zu machen.

Bei Bach befinden wir uns aber nicht im Kontext von Kant und Schiller. Es geht ihm sicherlich nicht um eine abstrakte moralische Sicherheit. Die nötige Gewissheit, gegenüber dem Schrecken des Gerichts und des Todes zu bestehen, bieten die Bachschen Kantaten in der Gestalt Christi und im sicheren Glauben an ihn. Wenn aber dieser Glaube wenigstens in einem Kern angelegt ist, dann gestattet er, die Trompete des Gerichtes zu hören, ohne zu verzweifeln. Die Ästhetik der Musik überführt die Angst vor dem rächenden Richter zwar vorübergehend in Schrecken und Rührung, aber das geschieht zugleich in der Gewissheit, dass dem Glaubenden letztlich nichts geschehen kann.

Selige Hoffnung

Schrecken und Rührung werden sicherlich nie endgültig *abgeführt*, sie bleiben erhalten, werden vielleicht sogar jeden Sonntag von Neuem angeregt, aber doch so, dass der Schrecken immer wieder von der Zuversicht überholt wird.

Das nun zeigt besonders schön mein letztes Musikbeispiel aus der Kantate Nr. 60, »*O Ewigkeit, du Donnerwort*«, wobei Ewigkeit hier für Gericht und Tod (als Metonymie) steht. Im Rezitativ Nr. 4 singt eine Stimme, die als »Furcht« bezeichnet wird, folgenden Text:

Der Tod ist doch der menschlichen Natur verhasst, er reisset fast die Hoffnung ganz zu Boden (Koopman Vol. 8, CD 1, Nr. 17).

In vielen Variationen geht diese Klage weiter, immer wieder unterbrochen von einem Bass, der ein Wort aus der Offenbarung des Johannes Kap. 14, 13 verkündet: »*Selig sind die Toten, die in dem Herren sterben*«. Lange wiederholt sich dieser Dialog ohne jeden Fortschritt. Aber plötzlich schlägt die Stimmung um. Die Furcht singt:

Wohlan, soll ich von nun an selig sein:
So stelle dich, o Hoffnung, wieder ein!
Mein Leib mag ohne Furcht im Schlafe ruhn,
der Geist kann einen Blick in jene Freude tun.

Identifikatorisch kann die Gemeinde von Todesangst zur Zuversicht kommen und ahnt doch zugleich, dass, wie im ersten Teil des Rezitativs gezeigt, diese Todesangst nie zu einem vollkommenen Ende kommt, sondern auch die christliche Existenz vollkommen durchzieht. Erst der Tod selber wäre eine wirkliche Erlösung. Und so folgt der Choral »*Es ist genug*« als sinnvoller Abschluss, jetzt aber in Gelassenheit gesungen, denn, so heisst es, »*Ich fahre sicher hin in Frieden*«.

In der Aria 5 aus der Kantate Nr. 82 singt eine Stimme, dass sie sich auf ihren Tod freut. Sind wir damit zur manischen Verleugnung der depressiven Position abgeglitten? Sicherlich kann der Text so gehört werden und würde dann eine Art von Todesseligkeit fördern, mit der manche Christen und Nichtchristen rechte Mühe haben. Mir scheint immerhin eine zweite, etwas andere Akzentsetzung möglich zu sein. Der Tod ist hier primär ein Symbol für das primäre vorambivalente gute Objekt. Genauer: er steht (als Metonymie) für das Eingangstor zu diesem guten Objekt. Für Christen ist das oft Gott selbst (oder »der Herr«). Die Vereinigung mit ihm ist die Belohnung für alle die Mühen und Ängste, die der Mensch in dieser Welt durchzustehen hat und keineswegs verleugnen kann. Der Kantatentext ist dann nicht mehr eine Aufforderung, sich paradoxerweise auf den Tod zu freuen, sondern die künstlerische Darstellung der seligen Phantasie, den verlorenen Ursprung in der Zukunft wiederzufinden und aller Mühen enthoben zu sein. Diese Phantasie ist sicherlich auch ein Trost für den verletzten Narzissmus, aber ein Trost, der in *dem* Fall nicht zu einem wahnhaften Denken führt, wenn neben ihm die Erkenntnis von der Nichtigkeit des menschlichen Lebens erhalten bleibt. Die Musik als Kunstwerk macht uns Phantasien gleichsam als Wirklichkeit erfahrbar, die – als dogmatische Sätze verstanden – leicht zu religiösen Illusionen im Sinne Freuds zu werden drohen.

Literatur

Bach JS (2007) Sämtliche Kantaten. Kassel (Bärenreiter).

Money-Kyrle R (1971) The aim of Psychoanalysis. Int J Psycho-Anal. 52: 103–106.

Moritz KP (1796/1998) Anton Reiser. Frankfurt (Insel) 68–79.

Schadewaldt W (1954) Von der Wirkung des Trauerspiels. In: Schadewaldt W (1960) Hellas und Hesperien. Zürich (Artemis).

Schafer R (1968) Aspects of Internalization.

Schiller F (1793) Vom Erhabenen. In: Schiller F Sämtliche Werke. Bd. 5. München (Winkler).

Schiller F (1801) Über das Erhabene. In. Schiller F Sämtliche Werke. Bd. 5. München (Winkler).

Korrespondenzadresse:
Hartmut Raguse
Birsigstr. 139
Ch-4054 Basel
E-Mail: *Hartmut.Raguse@unibas.ch*

Altern und Sterben in der Literatur – die Ödipusdramen des Sophokles[1]

Helmut Luft (Hofheim)

Zusammenfassung

Da Sophokles die Ödipus-Tragödien im Alter von 70 und 90 Jahren geschrieben hat, enthalten sie altersspezifische Themen. *Ödipus rex* erscheint so auch unter dem Aspekt einer Lebenskrise, die das Altern einleitet. Ödipus war der Revolutionär, der den Generationswechsel forciert hatte. Nach dem Tod seines Vaters wird der Verlust seiner Mutter zum kumulativen Trauma, das ihn in archaischen Hass regredieren lässt. Mit dem Sich-Blind-Machen wehrt er die Einsicht in die unerträgliche Realität ab. In »Ödipus auf Kolonos« wird er als Greis dargestellt, der die Verantwortung für sein Schicksal den Göttern zuweist. Als Abwehr bleibt ihm die grandios-narzisstische Identifikation mit den Göttern und die primärnarzisstische Fantasie der Rückkehr in einen elementar überhöhten Mutterleib. Auf Unterschiede zu dem moderneren Alterstypus des Prospero von Shakespeare wird hingewiesen.

Stichworte: Sophokles, Ödipus, Abwehr, Altern, Tod

Abstract: Aging and dying in literature – The Oedipus of Sophocles

Since Sophocles wrote the Oedipus-tragedies when he was between 70 and 90 years old, his tragedies deal with topics characteristic of aging. Therefore, *Oedipus Rex* may be understood as a life-crisis, triggering the process of aging. Oedipus was the revolutionist who forced the change of generations. After the loss of his father, he suffered the loss of his mother as a cumulative trauma, which let him regress in archaic hatred. By making himself blind, he denied himself deeper insight in the unbearable reality.

In *Oedipus at Colonus* he was portrayed as a very old man, who held

---

1 Veränderte Fassung des Vortrags »Altern und Sterben in der Literatur – Sophokles' Ödipus und Shakespeares Prospero« vom 30. Nov. 2007.

the Gods responsible for his fate. His denial strategies were the grandiose-narcissistic identification with the gods and a primary narcissistic fantasy of returning to the glorified womb. Differences to the more modern elderly character Prospero, written by Shakespeare, are mentioned.

Key words: Sophocles, Oedipus, defence, aging, death

Ödipus rex (427) von Sophokles (496–406)

Die Tragödie von Ödipus rex ist grundlegend für die Psychoanalyse und namengebend für die Konflikte zwischen Kindern und Eltern geworden. Da Sophokles sie aber erst mit 70 Jahren (im Jahr 427 vor Christus) schrieb, als er schon ein beträchtlich gealterter Mann war, enthält sie viele Hinweise auf altersspezifische Themen. Aus dieser Sichtweise kann man das Drama als verhüllte Darstellung einer Lebenskrise verstehen, die das Altern einleitet.

Ödipus war schon frühzeitig mit der Endlichkeit konfrontiert worden. Die Sphinx regte ihn mit ihrem Rätsel dazu an, darüber nachzudenken, dass der Mensch ein Wesen ist, das in Zeitphasen lebt, altert und stirbt.

» Von allen Geschöpfen wechselt es allein mit der Zahl seiner Füße, aber wenn es die meisten Füße bewegt, sind Kraft und Schnelligkeit seiner Glieder ihm am geringsten«.

Die Sphinx bringt sich um, weil Ödipus die Antwort weiß. Als Belohnung dafür, dass er Theben von der Plage befreit hat, bekommt er Jokaste, die in Wirklichkeit seine Mutter ist, zur Frau. Es beginnt die Phase seiner inzestuösen Generativität. Im Drama bringt sich auch Jokaste um, als die Wahrheit ans Licht kommt.

Zu Beginn des Dramas war Ödipus ein sehr erfolgreicher Mann: Held, König und Vater von 4 Kindern. Angeregt durch die Suche nach dem Sündenbock für die Pest, die in seiner Stadt ausgebrochen war, macht er einen Lebensrückblick und entdeckt die eigene Schuld an seinem Schicksal; so wird er vom Opfer zum Täter.

Sehen wir von den mythologischen Erklärungsversuchen ab, so ist sein Verbrechen auf den Punkt zu bringen, dass er ein zorniger junger Mann war, ein Revolutionär, der die Generationenfolge gewaltsam vorzeitig herbeiführte. Er ermordete den Vater, als dieser noch im Amt war, und seine

Generativität missachtete die den Generationen gezogenen Schranken. Als er dies erkannte, war das Erschrecken vor sich selbst und vor seinen Taten der zentrale Affekt.

Zur spezifischen Thematik dieses Alters gehört aber auch, sich der eigenen Endlichkeit bewusst zu werden. Außerdem konnte für Ödipus die Befürchtung naheliegen, dass die Zeit dafür reif geworden ist, selbst Opfer der nächsten Generation zu werden, wie sein Vater sein Opfer war.

Die Dramaturgie zeigt Analogien zum Prozess in einer Analyse. Durch Rekonstruktion der Ereignisse der Vergangenheit muss Ödipus schließlich die Wahrheit erkennen, dass er nicht Opfer, sondern selbst Täter ist. Die projektive Abwehr, auf der sein Leben basierte, bricht zusammen, und durch diese dramatische Wende wird aus dem König und Helden der gesuchte Verbrecher. Er bleibt jedoch aufrecht und gewinnt tragische Größe, als er die Wahrheit annimmt und zu seiner Schuld steht.

»Das Ganze wäre klar heraus! –
O Licht! Zum letzten Mal hätt ich dich jetzt gesehn,
Der ich zu Tage trat:
Entstammt, von wem ich nicht gesollt-
Mit wem ich nicht gesollt, zusammenleb,
und wen ich nicht gedurft, erschlug!« (1184)

Zu diesem Zeitpunkt ist er offensichtlich auch fähig, seine Schuld zu tragen. Nach der Auffassung von John Steiner (1988) tritt dann aber eine fundamentale Veränderung ein, als Ödipus durch die Erzählung des Hirten erkennen muss, dass es Jokaste war, seine Ehefrau und Mutter, die ihn ausgesetzt und seinen Tod gewollt hatte. Als sie überdies jetzt nach Laios rufend zu ihrem Ehebett rennt und damit seinen Vater ihm vorzieht, schlägt bei Ödipus der Affekt des Erschrockenseins vor sich selbst und vor seiner Schuld in einen unbeherrschbaren archaischen Hass gegen Jokaste um. Er brüllt nach einem Schwert, um sie umzubringen. Als sie sich erhängt hat und so ihm zuvorgekommen ist, er vom Vater- nun auch zum Muttermörder geworden ist, sticht er sich mit Jokastes Brosche die Augen aus. Steiner deutet das als regressive Abwehr des Sich-Blind-Machens gegenüber der Wahrheit:

»... diese Verstümmelung ist nicht nur ein Angriff auf sich selbst, sondern auch auf die innere Mutter, mit der er sich identifiziert und wegen der er sich jetzt in Hass verzehrt. Es ist ein Sieg des Todestriebes, wenn er versucht, die Quelle seines Schmerzes zu vernichten, indem er die Fähigkeit, zu erleben und wahrzunehmen, zerstört« (Steiner 1988, 43)

Im manifesten Text des Dramas begeht Ödipus Verbrechen, die durch den Fluch und die Orakelsprüche der Götter vorgegeben sind. Halten wir uns an die Fakten, so ist Ödipus ein Mann, der in der Mitte des Lebens zuerst seinen Vater verlor. Konnte er das noch relativ gefasst ertragen, so wird der Tod der ambivalent geliebten Mutter, die ihn in früher Kindheit traumatisiert hatte, zum kumulativen Trauma. Der Verlust der potenziell trost- und haltgebenden Mutter übersteigt seine Kompensationsmöglichkeiten und löst einen irreversiblen Regressions- und Alterungsschub aus. Ödipus ist von nun an ein geschlagener Mann, blind, hilflos und ausgegrenzt. Sophokles teilt implizit mit, dass der Mensch nicht nur seiner Schuld, sondern auch seinem Altern und den damit verbundenen Leiden ausweglos ausgeliefert ist.

Ödipus auf Kolonos (406)

Das Drama »Ödipus auf Kolonos« schrieb Sophokles 20 Jahre später, als 90-Jähriger kurz vor seinem Tod. Es geht in diesem Stück nur noch um Tod und Sterben.

> *»Sah einer die Jugend verwehn, die luftleichte Narrheit betört,*
> *welche Drangsal setzt ihm dann nicht zu: ...*
> *zuletzt ohne Kraft, ohne Umgang, ohne Freunde, das Alter,*
> *wo alle Übel der Welt hausen mit ihm« (1236).*

Ödipus kommt nach Kolonos, um dort im heiligen Hain, bei den Eumeniden, den »*hochehrwürdgen Göttinnen*«, begraben zu werden. Seit seinem dramatischen Absturz 20 Jahre zuvor ist er ein Greis. Er ist blind, humpelt auf seinen Stock gestützt und muss von seiner Tochter Antigone geführt werden. Er wird in den meisten Aufführungen als ausgestoßen und heimatlos dargestellt als ein umherirrender, greinender und verbitterter Landstreicher, körperlich und sozial ein Defizitmodell. Der Zustand wird als unabänderlich wie das Alter dargestellt, die Zeit ist stehengeblieben, geschichtslos, Ansätze für neue Entwicklungsziele sind nicht zu erkennen. Auf Theseus Einwand: »*Des Lebens Letztes forderst du, die Zwischenzeit hast du vergessen, oder sie gilt dir für nichts*« (583) antwortet er, sein Ziel sei nur noch der Tod.

Lebensrückschau

Das Bedürfnis Älterer, angesichts des nahenden Todes Rückschau auf ihr Leben zu halten und Bilanz zu ziehen, wird im Drama in Dialogen inszeniert: Wichtige Personen seines Lebens kommen zu ihm, überraschend und ungerufen, wie es Älteren im Traum geschieht, seine Tochter Ismene, Jokastes Bruder Kreon, sein Sohn Polyneikes. Alle Besucher sprechen ihn auf den eigenen Anteil an seinem Unglück an, machen Lösungsvorschläge, nennen Entwicklungsziele und weisen auf sein Alter und seinen Tod hin.

➤ Zum Umgang mit seinem Sohn sagt ihm Antigone: »*du hast nicht das Recht, ... das Böse heimzuzahlen ihm mit böser Tat. Arge Kinder haben andre auch und jähen Zorn, doch ihrer Freunde Zaubergesang weist sie zurecht und mildert ihre Sinnesart*« (1200).

➤ Kreon bemängelt das Fehlen von Entwicklung und Reifung: »*Unseliger, ... bei dem nicht einmal durch die Zeit je Vernunft aufscheint, Alters Schande du.*«

➤ Kreon stellt fest, dass Ödipus »*dem Zorne frönt, seinem steten Fluch*« (855) »*kein andres Alter für den Zorn gibt's als den Tod: die Toten nur berührt kein Schmerz*« (955).

➤ Der Chor gibt den abschließenden Kommentar, eine längere Lebensspanne sei »*ein blöder Wahn ... wenn einer ins Alter gestürzt ist über Gebühr*«, da helfe nur noch der Tod, der zuletzt alle gleichmache (1221).

Bezeichnend ist der Dialog mit seinem Sohn: Polyneikes bereut weinend, dass er seine Sohnespflicht verletzte, bittet um »*Nachsicht*« und lässt es an Dank und Wiedergutmachung nicht fehlen: »*In deinem Haus setz ich dich wieder ein*«. Aber Ödipus antwortet hasserfüllt: »*Weinen bringt nichts*«, »*Du bist mein verhasster Sohn, der Schlimmen Schlimmster. Mein Mörder, der bist du*« und er jagt ihn davon: »*Verschwinde, du bist ausgespien, vaterlos, nimm die Flüche mit, die ich auf dich herabruf*« (1385).

Der alte Ödipus erweist sich als starrsinnig, uneinsichtig, unversöhnlich, unbarmherzig und gnadenlos. Eine Entwicklung zur Reife oder Weisheit hat er nicht vollzogen. Von Altersmilde, Versöhnung, Reue oder Wiedergutmachung ist keine Rede. Seine Triebentwicklung ist fixiert geblieben. Er hasst seine Söhne und er umarmt seine Töchter mehr als väterlich – »*das alte Inzest-Gen lässt das Mausen nicht*«. Er bleibt in einer regressiven Position, es gibt für ihn nur ganz gute Objekte (wie seine Töchter, und mehr noch die Göttinnen und ihr Wohnsitz Kolonos) oder ganz böse (wie seine Söhne, wie Kreon und Theben).

Die Generationenkette

Die Familiengeschichte über die Generationen hinweg ist ein weiteres Thema, mit dem sich Ältere beschäftigen. In Ödipus' Familie begann es mit der Liebe des jungen Laios zu dem schönen Knaben Chrysippos. Aber er entführte ihn, und diese Gewaltsamkeit führte zur Verfluchung durch Chrysippos' Vater Pelops, Laios solle durch seinen eigenen Sohn getötet werden. Die Liebe zwischen Vätern und Söhnen verkehrte sich damit in gegenseitige Angst, Hass und Verfolgung.

Ödipus nimmt die angebotenen Chancen, den Fluch zu beenden, nicht wahr, sondern bleibt im Wiederholungszwang, ein Greis, der die folgende Generation lieber ausrottet als anzuerkennen, dass seine Zeit vorbei und ihre gekommen ist. Seine Söhne und Antigone werden sterben. Kreon und dessen Stamm sollen aus Rache so alt und blind werden wie Ödipus selbst (870).

Die Rolle der Götter

Nach der mythisch-religiösen Auffassung der Antike sind allein die Götter für das Schicksal des Menschen verantwortlich. Sophokles meldet Zweifel an deren Kompetenz an und stellt die Idee des Menschen als selbstverantwortliches Individuum dagegen. Kreon z. B. vertritt die Stimme eines persönlichen Gewissens und wirft Ödipus dessen Verbrechen vor. Ödipus weist das weit von sich:

>*Nicht ich selbst war es, es war der Wille der Götter.*
>*Wie Schuld, wenn der gottgesandte Spruch, er werde den Vater töten,*
>*erfolgte als er ungezeugt noch war« (973).*

Eigentlich hätte er aber, da ihm das Orakel bekannt war, bei einem Mann im Alter seines Vaters und einer Frau im Alter seiner Mutter Verdacht schöpfen müssen, wie Steiner anmerkt. Die Macht und die Privilegien der Götter werden im Drama aber nicht in Frage gestellt, wenn auch die in sie projizierten primärnarzisstischen Wünsche von Unvergänglichkeit und Unsterblichkeit nicht ohne Neid kommentiert werden:

>*Nur die Götter sind vom Alter ausgenommen und allzeit vom Tod,*

das andre alles tilgt die allgewalt'ge Zeit.
Der Erde Kraft, die Kraft des Leibs vergeht« (607).
Eine persönliche Auseinandersetzung mit Schicksal, Endlichkeit und Tod war damals erst in Ansätzen möglich. Die Menschen sahen sich und ihre Götter als Teil einer übermächtigen Natur, teils noch als Zwischenwesen zwischen Mensch und Tier. Erst im Laufe des Zivilisationsprozesses, der durch die griechische Tragödie sehr gefördert wurde, begannen sie, sich als Individuen zu verstehen.

Grandiose narzisstische Abwehr von Schuld, Altern und Tod

Ödipus richtet gegen die Annahme seiner Schuld wie seiner Vergänglichkeit eine grandiose narzisstische Abwehr auf. Die Götter erheben ihn vom Verbrecher zum Heiligen, der jeder Schuld und Verantwortung enthoben ist, und zum Erlöser mit göttlichen, wunderwirkenden Kräften. Sie verleihen ihm Unsterblichkeit. Mittels dieser Omnipotenzfantasien sind die Defizite des Alterns in ihr Gegenteil verkehrt. Statt ausgegrenzt zu werden, wird er jetzt von den Menschen gesucht. Statt Altersschwäche gewinnt er übernatürliche Kräfte. Sein unattraktiver alternder Körper wird zu einem wertvollen Geschenk, das alle haben wollen. Theseus erklärt er: »*Zu geben komm ich meinen armen Leib dir als Geschenk. Gewinn aus ihm sticht Körperschönheit aus*« (578). Der Ort seines Sterbens wird mit Macht und Wohlfahrt gesegnet sein, es wird ein Paradies sein. Statt Vergänglichkeit wird sein Tod verklärt zu einer » *Wohltat*«, die eintritt, »*sobald ich tot bin und du mich bestattet hast*« (582).

Elementare Verschmelzung

Eine weitere Variante der narzisstischen Abwehr von Ödipus sind Verschmelzungsfantasien auf einer kosmisch-elementaren Ebene, wie von Argelander (1971) beschrieben. Auch Balint (1960) spricht von den freundlichen Weiten, in die der Philobat[2] den Objektbindungen entfliehen kann. Aber das Ziel

---

2 Begriff, den Balint eingeführt hat und der ein Bedürfnis bezeichnet, bei Störung der frühen

ist letztendlich doch die Verschmelzung mit einem elementaren idealen und absolut verlässlichen Objekt, das nicht menschlich, fehlbar und schmerzlich enttäuschend ist.

Vorbild ist die *intrauterine nutritive Einheit* mit der Mutter, bevor man geboren ist. Im Leib der Mutter fließt die Nahrung kontinuierlich, unabhängig von Hunger oder Sättigung und von den Bedürfnis- und Frustrationsspannungen, die nach der Geburt die Nahrungsaufnahme regulieren. Begleitet wird dieser paradiesische Zustand von einer gleichbleibenden Stimmung kontinuierlichen Wohlbehagens, Befriedigung und Sicherheit, dem »*ozeanischen Gefühl der unauflösbaren Verbundenheit, der Zusammengehörigkeit mit dem Ganzen der Außenwelt*« (Freud 1930a).

Argelander spricht vom *Sicherheitsprinzip* im Gegensatz zu dem nach dem Durchschneiden der Nabelschnur wirksam werdenden *Lust/Unlust-Prinzip*. Das Modell der Verbundenheit mit einem elementaren Objekt bleibt bei der Atmung, die kontinuierlich und lebensnotwendig ist, erhalten. Es ist der selige Zustand der Götter:

> *»Schicksallos, wie der schlafende*
> *Säugling, atmen die Himmlischen;*
> *Keusch bewahrt*
> *In bescheidener Knospe*
> *Blühet ewig*
> *Ihnen der Geist*
> *Und die seligen Augen*
> *Blicken in stiller*
> *Ewiger Klarheit.«*
> *(Hölderlin, Hyperions Schicksalslied)*

Im Schutz dieser wiederbelebten primär-narzisstischen Fantasien kann Ödipus beruhigt sterben. Er ersehnt zwar den Tod, aber er hat damit nicht den gefürchteten Tod des gewöhnlichen Sterblichen angenommen, sondern sein Sterben durch grandiose Abwehrkonstrukte verklärt.

Mutter-Kind-Beziehung sich unabhängig zu machen.

Das Sterben des Ödipus

Der Abschied von der Welt der realen Objekte und von den geliebten Töchtern wird als Ambivalenz zwischen Bindung und Trennung durch ein Hin und Her von Geraubt- und wieder Befreitwerden inszeniert. Aber Ödipus setzt dann entschieden eine Grenze zwischen den Sterblichen, die auf der Welt zurückbleiben, denen es verboten ist, den heiligen Hain zu betreten, und ihm, der dorthin und zu den Göttern gehört: »*Dann geh und drehe dich nicht um.*«

Seine letzten Worte sind: »*Ihr Kinder, tapfer müsst ihrs tragen und verlassen diesen Ort und dürft Verbotnes nicht zu schauen wünschen. Nun geht aufs Schnellste!*«

Die primär-narzisstische Gratifikation, von den Göttinnen angenommen zu sein, ist unendlich viel größer als die Objektbindung. Nicht die Symptome seines hinfälligen Körpers, sondern die Elemente geben die Zeichen, dass die Zeit gekommen ist. Es gibt einen Sturm mit Donner und Hagelschlag und einen von Zeus geschleuderten Blitz. Dann ruft ihn eine göttliche Stimme.

Seinen letzten Weg geht er allein. Wie in »Ödipus rex« vom Tod der Mutter, so berichtet auch jetzt ein Bote vom Tod des Ödipus, dass er »*das Leben, das nie endet, jetzt besitzt*« und dass am Hügel Demeters, der Spenderin des Grüns, »*der Erde dunkler Grund*« sich huldreich auftat und Ödipus verschwand, klaglos, ohne Krankheit, ohne Schmerz, entrückt und wunderbar wie sonst kein Mensch (1662).

Antigone möchte das Grab sehen, aber »*kein Sterblicher darf sich nähern dem Ort.*« Die Erde, in der er sich aufgelöst hat, ist nun heilig, es muss aber die Erde von Kolonos und nicht die von Theben sein. Man fühlt sich daran erinnert, dass es vielen sehr wichtig ist, an einem bestimmten Ort, in der »*Heimaterde*« begraben zu werden. Sophokles wurde in Kolonos geboren!

Verschmelzen mit Mutter Erde

Das Sterben bedeutet für Ödipus die Wiedervereinigung mit der verlorenen Mutter, die Suche danach ist latent Ziel und Inhalt seiner Todessehnsucht. Die Sehnsucht kann sich m. E. nicht auf seine Mutter und Ehefrau als Person beziehen, er hat nicht den Wunsch, neben ihr im Grab zu liegen, und schon gar nicht in Theben. Vielmehr macht der unerträgliche archaische Hass eine stärkere, primärnarzisstische Abwehr notwendig. Es müssen die Eumeniden, die Wohlmeinenden, sein, hochangesehene weibliche Göttinnen (ursprünglich waren es Rachegöttinnen), und es muss ein heiliger Ort, Kolonos, sein. Der Chor bezeichnet die dortige Erde als Mutter und versichert ihm deren Gnade. Es ist die Rückkehr in einen primär-narzisstischen, ins Elementare überhöhten Uterus, in Mutter Erde, die mit den Gefühlen vom ewigen Versorgtsein und von Sicherheit die Erlösung von Schuld, vom Schmerz des Verlustes und vom Elend des gewöhnlichen Sterbens bringt.

Das wird auch dadurch belegt, dass Kolonos als ein *intrauterines Paradies* beschrieben wird mit einer kontinuierlicher Versorgung und einem unendlichem Wohlbehagen, das nicht von schuldig machenden Triebbedürfnissen und von Altersübeln, die der Ablauf der Zeit mit sich bringt, gestört wird:

Dort *»wo vor Freude trunken und*
auf ewig Bakchos wandelt, im Kreis von göttlichen Ammen« (678)
dort *»blüht unter himmlischem Tau, …*
Tag für Tag immer die Narzisse…; und es
versiegen nimmer die Quellen, die des Kephisos Fluten speisen, sondern
immer tagtäglich kommt zu befruchten er schnell die Flächen mit lauterem
Nass der schwellenden Erde« (691).
Der Chor schlägt als ideales Entwicklungsmodell vor, gleich im Mutterleib zu bleiben:
»Nicht geboren zu werden, übertrifft jedes Wort.
Aber, wenn einer ins Licht getreten,
zu gehen dorthin, woher er kam,
aufs schnellste, das nächstbeste ist es bei weitem« (1227).

Ödipus und Prospero

Shakespeare hat sein letztes Werk, *»Der Sturm«*, 1611, als er aus seinem Beruf ausschied, 5 Jahre vor seinem Tod geschrieben. In der Figur des Prospero hat er eine uns zeitlich nähere literarische Gestalt geschaffen, in der Probleme des letzten Lebensabschnitts dargestellt werden. Wir verweisen auf die ausführliche Darstellung in dieser Zeitschrift (Luft 2007).

Prospero ist der Typus des aufgeklärten, individualistischen, sein Schicksal weitgehend selbstbestimmenden Menschen der Neuzeit. Er verkörpert die Konfliktlage und Widersprüchlichkeit des Alterns so, wie es unserer heutigen Auffassung entspricht, als eine spezifische Kombination von *»Fortschritt,*

Regression, neuen Beiträgen, Überarbeitungen und Abbauprozessen« (Pollock 1998). Sein Narzissmus, mit dem er sein Altern und seine Verluste zunächst abwehrt, enthält die sehr moderne Allmachtsfantasie, dass alles machbar sei. So führt er aktiv Regie über seinen letzten Lebensabschnitt und korrigiert seine Lebensbilanz nach seinen Wünschen.

Im Gegensatz zu Ödipus überwiegen bei Prospero – trotz aller Ambivalenz – jedoch die Kräfte des Eros, er verfügt über gute innere Objekte, kann verzichten, verzeihen, versöhnen, wiedergutmachen und seine Erfahrungen tradieren. Seine Regie hat die Übergabe der Macht an die folgende Generation und deren Generativität zum Ziel. Als Ergebnis des in diesem Drama inszenierten Reifungsprozesses kann er die Realität anerkennen und zuletzt auch seinen individuellen Tod akzeptieren.

Kulturhistorisch gesehen sind die beiden Alterstypen in der Literatur festgehaltene Momentaufnahmen des jeweiligen zivilisatorischen Entwicklungsstandes. Ödipus ist der dem Schuldspruch der Götter und dem Altern hilflos ausgelieferte Mensch der frühen Antike. Er ist zwar der Revolutionär, der gewagt hat, den Generationswechsel vorzeitig herbeizuführen. Versuche zur Individuierung, zur Auseinandersetzung mit eigener Schuld und Verantwortung sind aber noch zum Scheitern verurteilt. Alles ist von den Göttern verhängtes Unrecht, auch das Altern und der Tod. Als Abwehr bleibt ihm nur die grandios-narzisstische Identifikation mit den Göttern und die erschrockene Flucht in den elementar überhöhten Mutterleib. Eine individuelle Annahme des Todes ist ihm nicht möglich.

Die beiden Altersgestalten kommen sicher nicht nur in ihrer Zeit vor, als kulturhistorische Fixierungen entsprechen sie innerpsychischen Positionen. Ödipus als zorniger und übergriffiger Rebell ist in jedem modernen Menschen lebendig. Als der in regressiver Abwehr erstarrte Alte dürfte er ebenso zu finden sein wie Prospero, für den alles machbar ist. Diese Gestalten sind Beispiele dafür, welche Ausformungen des Konfliktes zwischen Abwehr und Annahme des Sterbens unter dem Druck der letzten Lebensphase möglich sind.

Literatur

Argelander H (1971) Ein Versuch zur Neuformulierung des primären Narzissmus. Psyche 15: 358–373.

Balint M (1960) Angstlust und Regression. Beitrag zur psychologischen Typenlehre. Stuttgart (Klett).

Freud S (1930a) Das Unbehagen in der Kultur. Stud. Ausg. Bd. IX, 198.

Luft H (2007) Altersbilder bei Shakespeare – zeitgebunden oder aktuell? Psychotherapie im Alter 4(3): 97–114.

Sophokles (1996) Ödipus auf Kolonos. Übersetzt von Kurt Steinmann. Stuttgart (Reclam).

Shakespeare W (1973) Der Sturm. Sämtliche Werke. Übersetzt von August Wilhelm Schlegel. Wiesbaden (Löwit).

Steiner J (1988) Der Rückzug von der Wahrheit zur Omnipotenz in Ödipus auf Kolonos. DPV-Tagungsband Wiesbaden Nov. 1988, 37–56.

Korrespondenzadresse:
Dr. Helmut Luft
Im Klingen 4b
65719 Hofheim am Taunus
E-Mail: *hluft@t-online.de*

Demenzkranke alte Menschen und der Tod

Marina Kojer (Wien)

Zusammenfassung

Gelingende Kommunikation ist die Kernkompetenz in der Betreuung demenzkranker alter Menschen. Voraussetzung dafür ist das Verstehen der Erlebniswelt Demenzkranker. Diese unterscheidet sich grundlegend von der Welt, in der kognitiv intakte Menschen leben. Die wesentlichsten Unterschiede sind die vollständige Desorientiertheit (räumlich, zeitlich, zur Person), die Veränderung der Körperwahrnehmung (kopfferne Bereiche werden allmählich nicht mehr als Selbst erkannt), der Verlust der Fähigkeit, Personen zu erkennen und zuzuordnen, die Verwendung von Symbolen (z. B. die Handtasche als Symbol für die Identität der Frau) und der Verlust von Gedächtnis, Denken und Logik. Die Gegenwart verliert ihre Bedeutung, Zeiten, Räume, Personen können ineinander fließen, der Tod muss nicht Schlusspunkt des Lebens sein, er ist reversibel, wie alles andere auch.

Stichworte: Demenz, Kommunikation, Körperwahrnehmung, Tod

Abstract: Dementia in old age and death

Successful communication is the most important competence for those accompanying a person suffering from dementia in the last stage of life. In order to achieve mutual understanding, it is necessary to be aware that the demented person lives in a completely different world. The main differences between his/her world and the world of mentally healthy people are confusion (regarding time, space and person), altered body perception (limbs far from the head are no longer recognised as his/her own), inability to recognise people, usage of symbols (e. g. women use a bag as a symbol of their own identity) and loss of memory as well as thinking capacity and logic. For the demented person the present loses its importance, different levels of time and space seem to be merging and so are the people related to them. Thus, death is not necessarily the end of life, but turns out to be reversible just as everything else is.

Key words: Dementia, communication, body perception, death

Einleitung

Demenz ist eine unheilbare, chronisch fortschreitende, letztendlich zum Tod führende Erkrankung. Im Gegensatz zu einer großen Zahl anderer Krankheiten verändert sie die Erlebniswelt der Betroffenen zwar langsam, jedoch unaufhaltsam und irreversibel. Die Hirnleistungsfähigkeit geht in einem Ausmaß verloren, das vielen kognitiv intakten *Normaldenkern* kaum mehr mit dem Menschsein kompatibel erscheint. Aus einem Menschen *wie du und ich* wird mit fortschreitender Erkrankung ein ganz anderer, ein unbegreiflich Fremder. Ist er deshalb bereits ein Minderwertiger? Hat er noch Würde? Ist er leidensfähig? Bekommt er noch etwas von seiner Umwelt mit?

Was wissen wir von demenzkranken Menschen?

Erkennen wir ihre körperlichen Schmerzen? Zahlreiche Studien belegen, dass die Schmerzen von Personen mit weit fortgeschrittener Demenz selten erkannt und daher auch nicht ausreichend behandelt werden (exemplarisch: Shega et al. 2006); selbst nach akuten, stets starke Schmerzen hervorrufenden Ereignissen erhalten demente Menschen nicht die gleiche analgetische Therapie wie cerebral intakte (exemplarisch: Morrison u. Siu 2000).

Frau F. S., 95 Jahre alt, schwer dement, wird ins Pflegeheim aufgenommen. Zumeist liegt sie teilnahmslos mit geschlossenen Augen da. Zwischendurch schreit sie häufig, vor allem bei der Körperpflege. Sie schreit aber immer wieder auch ohne greifbaren Anlass. Auf Ansprache und Berührung reagiert Frau F.S. kaum. Nur mit großer Mühe gelingt es, ihr Nahrung und Tabletten zu verabreichen.
Bei der Überprüfung ihrer Medikamente stellt sich heraus, dass die hochaltrige Frau fast nur hochdosierte Psychopharmaka erhält. Nachforschungen ergeben, dass die Patientin bereits seit 2 Jahren zunehmende Verhaltensstörungen zeigte, die sich vor allem in Angst und Abwehr, anhaltendem lautem Schreien und Schlafstörungen äußerten. Der behandelnde Arzt reagierte darauf mit der Verordnung von Neuroleptika und Benzodiazepinen in steigender Dosis.

Das Pflegeteam beobachtete die Patientin sehr genau und fand bald heraus, dass Frau F. S. sowohl dann schrie, wenn sie bewegt wurde, als auch etwa 8–12 Stunden nach Laxanziengabe, d. h. vermutlich dann, wenn sich vor der Stuhlentleerung Bauchkrämpfe einstellten. Unter einer geeigneten (medikamentösen und nicht medikamentösen) Schmerztherapie konnte der Großteil der Psychopharmaka allmählich reduziert bzw. abgesetzt werden. Bald machte die alte Frau die Augen auf, Blickkontakt wurde möglich, sie reagierte auf Zuwendung und schrie nur mehr selten. Wenn sie schrie, gelang es meist, die Ursache (Schmerz, schlechte Lage, nasse Einlage, Hunger, Durst, Einsamkeit ...) zu finden und auszuschalten.

Wie erfahren wir von den seelischen Nöten dementer Menschen? Personen mit fortgeschrittener Demenz drücken sich kaum mehr mit Worten, sondern vor allem über ihren Körper und durch ihr Verhalten aus. *Gestörtes Verhalten* (oftmals wird einfach das so bezeichnet, was andere stört) wird äußerst selten als Kommunikationsversuch wahrgenommen. In der Regel wird es als Begleiterscheinung der Demenz gesehen, nicht weiter analysiert, sondern mit den verfügbaren Mitteln (weit häufiger als nötig mit chemischen Keulen) bekämpft und zum Schweigen gebracht.

Wissen wir, was für Personen mit Demenz wichtig ist? Was heißt für sie gute Lebensqualität? Ist ihr seelisches Leid psycho-therapierbar? Die häufig vertretene Annahme, dass es nur an standardisierten Erfassungsinstrumenten fehle, ist unhaltbar. Nicht alles lässt sich gut durch Messen, Zählen und Wiegen erfassen. Oder werden wir demnächst auch bei Säuglingen versuchen, ihr Weinen, Schreien, Lächeln, Fäusteballen oder Jauchzen auf Checklisten abzuhaken, um herauszufinden, ob sie nass sind, sich freuen, Hunger oder Schmerzen haben?

Die Theorie kann nur von der Praxis lernen; die Umkehr dieses Weges ist nicht möglich. Therapien, die auf Verstehen, Begreifen, Einsicht, Lernen und Verlernen setzen, sind für Personen mit Demenz nicht anwendbar. Einzig geeignet erscheint eine *basale Psychotherapie* (nach Gerhard Barolin), d. h. eine psychotherapeutische Grundhaltung, die sich an die Ressourcen des Demenzkranken (i. e. seine hohe Sensibilität, seine Gefühlskompetenz und emotionale Intelligenz) wendet, seine Wirklichkeit für gültig erklärt, ihn selbst Gangart, Tempo und Inhalt bestimmen lässt. Nicht wir führen den Patienten, vielmehr führt er uns zu seinen Zielen. Arzt, Therapeut und Begleiter sind gehalten, sich auf etwas ganz Neues einzulassen, nämlich sich dem so sehr Anderen, dem nach landläufiger

Schau inkompetenten Kranken auszusetzen, seinen Bedürfnissen behutsam und einfühlsam zu begegnen, kurz, ihn Regie führen zu lassen. Die Güte der Behandlung, Betreuung und Begleitung im Leben und im Sterben hängt in erster Linie von der Güte der Beziehung zu den Kranken ab. Tragfähige Beziehungen lassen sich indes nur aufbauen, wenn die Kommunikation gelingt[1]. Menschen mit weit fortgeschrittener Demenz erleben die Welt ausschließlich auf der Gefühlsebene. Nur auf dieser Ebene können wir versuchen, ihnen zu begegnen.

In welcher Welt leben Demenzkranke?

Der wesentlichste Unterschied zu unserer vertrauten Welt besteht in der zunehmenden *Desorientiertheit* der Kranken. Begriffe für Zeit, Raum und Personen gehen verloren, die Gegenwart wird immer unwichtiger, Einst und Jetzt beginnen sich zu vermischen.

Ich versuche mit einer hochbetagten Dame zu plaudern. Sie wirkt schwach und müde. »Ich bin schon sehr alt«, sagt sie leise. Ich frage sie nach ihrer Kindheit, sie sagt ein paar Worte über die strenge Mutter und den gütigen, heiteren Vater. Plötzlich richtet sie sich auf, ein Leuchten geht über ihr Gesicht, sie schaut mich mit großen, wachen Augen an: »Ich habe so ein Glück. Meine Eltern leben ja noch.« »Wie schön«, sage ich ehrlich erfreut, neige mich dabei näher zu ihr und umfasse mit beiden Händen sanft ihre Schultern. Durch mein spiegelndes Verhalten fühlt sie sich als Mensch anerkannt, ernst genommen und verstanden. Wir lächeln einander an. Meine Freude ist nicht gespielt. Die objektive Wirklichkeit hat hier nichts zu suchen.

Spiegelungsmöglichkeiten sind unverzichtbar für die Lebensqualität jedes Menschen. Ihre Bedeutung ist neurobiologisch bestens belegt (vgl. Bauer 2006). *»Erst indem wir uns gegenseitig als Menschen erkennen und anerkennen ... erleben wir uns als Menschen« (115).*

---

1 Die führende Kommunikationsmethode für demenzkranke Menschen ist die Validation nach Naomi Feil. Mit ihrer Hilfe gelingt es uns leichter, in Kontakt zu treten, Wünsche und Bedürfnisse besser zu verstehen und so zu verhindern, dass sich die Kranken, unverstanden und verletzt, von der Welt abkehren und sich immer stärker in sich selbst zurückziehen.

Veränderung der Körperwahrnehmung

Mit Fortschreiten der Erkrankung kommt es zu einer *Veränderung der Körperwahrnehmung*. Am weitesten vom Kopf entfernte Körperteile gehen als erste verloren, d. h. sie werden nicht mehr bewusst erlebt. Die Kranken können dann z.B. Schmerzen in diesem Bereich zwar fühlen, aber nicht mehr lokalisieren. Das bewusste Ich zieht sich allmählich in Richtung Kopf zurück. Es ist wichtig, dies zu wissen und im Kontakt zu berücksichtigen: Je desorientierter und hilfloser ein Mensch ist, desto mehr Halt und Berührung braucht er. Kommunikation und Beziehung müssen dann primär über die Hände der Begleiter angeboten werden. Dass es zwar nicht schädlich, wohl aber sinnlos wäre, Nähe, Wärme und Beziehung über Berührungen anzubieten, die der Empfänger nicht eindeutig als für ihn bestimmt wahrnehmen kann, bedarf wohl keiner weiteren Erklärung.

Fähigkeit, Personen zu erkennen

Bei an Demenz erkrankten Menschen wird die *Fähigkeit, Personen zu erkennen* und zuzuordnen, immer unschärfer. Bekannte und Vertraute von früher werden in Begegnungen von heute *hineingefühlt*. Vor allem für nahe Angehörige ist es schwierig zu begreifen, dass der Strom der Beziehung nicht abgerissen ist, nur weil sie nicht mehr als die, die sie sind, erkannt werden. Besonders häufig werden die eigenen, erwachsenen Kinder *umgefühlt*, die Tochter wird zur Mutter, der Sohn wird zum Vater oder zum Ehepartner.

Frau M. B., 94 Jahre alt und mittelgradig dement, bekommt Besuch von ihrer 65-jährigen Tochter. Die hochbetagte Dame strahlt vor Freude: »Mutter! Endlich bist Du da!«. Die Tochter weicht einen Schritt zurück, sie wirkt verletzt. »Aber Mutter, ich bin doch Gisela, deine Tochter. Deine Mutter ist schon viele Jahre tot,« sagt sie traurig. Die Freude im Gesicht der alten Frau erlischt, sie blickt verunsichert und traurig zu Boden. Beide Frauen spüren die Distanz, die plötzlich zwischen ihnen liegt, und leiden darunter. Die Tochter hat nicht begriffen, dass sie für ihre Mutter auch weiterhin der nächste und liebste Mensch ist, der Mensch, bei dem die alte Frau jetzt auch (aus gutem Grund!) Schutz und Orientierung sucht. Die Übernahme der neuen Rolle hat nichts mit dem Strom der Beziehung zu tun.

Wäre es für die Tochter ratsam gewesen, die Mutterrolle voll zu akzeptieren? Bestimmt nicht! Die hochsensible alte Dame hätte den falschen Ton sofort erkannt und sich zurückgezogen. Eine gute Reaktion wäre gewesen, die Mutter freudig in die Arme zu nehmen und z.B. zu sagen: »*Ich bin bei dir!*« Damit würde die Tochter sagen (und fühlen): Ich bin die, die dich liebt und die du liebst. Die tiefe Bindung zwischen den beiden Frauen ist nicht an einen Namen gebunden.

Symbole

Demenzkranke drücken sich oft verschlüsselt in *Symbolen* aus. Ein Symbol von hier und jetzt kann dabei emotional bedeutsame Menschen, Dinge, Ereignisse, Werte von früher repräsentieren. Allmählich werden die verwendeten Symbole für die Patienten zu dem, wofür sie stehen. Die ängstlich gehütete, stets mitgetragene Handtasche symbolisiert sehr oft die Identität als Frau. Bei Männern symbolisiert der Stock, den sie stets mit sich führen, mit dem sie u.U. zornig auf den Boden klopfen oder drohen, ihr Bedürfnis, alles unter Kontrolle zu haben. Nicht immer gelingt es, ein Symbol zu erkennen und zu entschlüsseln. Häufig verwendete und leicht zu entschlüsselnde Symbole sind Puppen oder Stofftiere. Sie werden zu ersehnten Kindern oder stehen – nicht personengebunden – für das Bedürfnis nach Wärme, Nähe und Vertrautheit.

Frau H. S., 84 Jahre, an fortgeschrittener Demenz erkrankt, lebt bereits seit längerem im Pflegeheim. Ihr einziges Kind, der Sohn Wolfgang, lebt im Ausland. Er kommt nie auf Besuch. In der ersten Zeit sprach sie vor allem von ihrem Sohn: »*Mein Wolfi ist der Beste in der Klasse*«, »*Mein Wolfi hat noch nichts gegessen*« *und:* »*Wo ist mein Wolfi?*«

Auf Stationen für hochbetagte demente Menschen gibt es in der Regel Puppen und Stofftiere. Für Demenzkranke können sie Kinder, Freunde und Vertraute sein, sie sind Gesprächspartner, schenken ihnen Nähe, Wärme, Liebe und Sicherheit. Auch das Bedürfnis, nützlich zu sein und ein sinnerfülltes Leben zu führen, findet nicht selten seinen Ausdruck in der Beschäftigung mit ihnen. Eines Tages fand Frau H. S. eine der Puppen, nahm sie an sich und trennte sich nie wieder von ihr. Sie wickelte sie ein und wieder aus, wiegte sie lächelnd in ihren Armen, gab ihr zu essen, herzte und küsste sie. Sie sprach nie wieder von ihrem Sohn. Er war ja jetzt bei ihr.

Verlust von Gedächtnis, Denken und Logik

Je weiter die Krankheit fortschreitet, desto vollständiger gehen Gedächtnis, Denken und Logik verloren. Finalität und Kausalität hören auf zu existieren. Vieles für *Normaldenker* Unmögliche wird dadurch möglich. Was in den Herzen schwer dementer Menschen lebendig ist, holt ihr reiches Gefühlsleben in die Wirklichkeit hinein. Selbst der Tod verliert dann seine Endgültigkeit.

Vor etwa 2 Jahren standen im Stadttheater Moers demenzkranke alte Frauen gemeinsam mit Berufsschauspielern auf der Bühne. Da sie weder Inhalt noch Text eines Stückes im Gedächtnis behalten konnten, nahmen die Szenen, die die Schauspieler vorgaben, immer wieder neue und überraschende Wendungen. Es war jedes Mal wieder eine Premiere. Auf die Frage, ob sie sich vor dem Tod fürchte, gab Frau Pia, eine der dementen Darstellerinnen, einmal zur Antwort: »Nee, der kommt und der geht auch wieder« (Krahlisch 2006).

Demenzkranke beschäftigen sich sehr selten mit dem Tod, er hat für sie seinen Schrecken verloren. Im Zusammenhang mit Tod und Sterben interessieren sie eher administrative Fragen.

Frau T. wirkt besorgt; sie fragt sehr ernst: »Wie ist das, wenn ich gestorben bin und dann mein Begräbnis habe? Diese vielen Amtswege! Wer kümmert sich denn dann um das alles?« Die Antwort, dass sie sich darum nicht kümmern müsse, entlastet sie sichtlich. »Das brauch' ich also nicht selber machen«, sagt sie erleichtert.

Wenn demenzkranke Menschen sterben

Die meisten Demenzkranken sterben in einem weit fortgeschrittenen Stadium ihrer Erkrankung. Wenn sie sterben, haben sie längst ihre Selbstkontrolle verloren und Belastendes in ihrer Weise bearbeitet, sie müssen daher nicht mehr mit Altlasten kämpfen. Sie haben über lange Zeit in ihrer Weise Abschied genommen, es gibt nichts mehr, was sie loslassen müssen. Besonders wichtige, mit starken Emotionen besetzte Themen können allerdings bis zuletzt ihre Bedeutung behalten. So können z.B. Puppen oder Stofftiere, die in symbolhafter Weise einen hohen Wert repräsentieren (das eigene oder ein erträumtes Kind, Liebe, Vertrautheit, Geborgenheit) auch in der Zeit des

Sterbens wichtig bleiben. Falls sie als nicht mehr nötig aus dem Bett entfernt werden, kann dies Angst, Unruhe oder Agitiertheit auslösen.

In den späten Stadien der Demenz hören die Kranken allmählich auf zu sprechen. Auch die verbalen Mitteilungen betreuender und begleitender Personen verlieren für sie immer mehr an Bedeutung. Der Inhalt des gesprochenen Worts tritt in den Hintergrund; das Wort wird zum Medium, das nicht mehr Sinn, sondern die Haltung des Sprechers übermittelt. Es dient dazu, das Gefühl zu transportieren, das aus der inneren Wahrheit des Begleiters entspringt. Demenzkranke kann man nicht anlügen. Über die feinen Antennen, die ihnen ihre hohe Sensibilität verleiht, spüren sie rasch, ob das Gegenüber sich tatsächlich zuwendet oder ihnen nur etwas vormacht.

Mit Sprachzerfall und Sprachverlust büßt ein Mensch keineswegs sein Recht auf kommunikative Grundversorgung ein (Gottschlich 1998)! Wo Worte an ihre Grenzen stoßen, gewinnen Berührungen immer mehr an Bedeutung. Dies gilt ganz besonders für die tastenden Versuche, mit schwer dementen Sterbenden in Beziehung zu treten. Die Hände des Begleiters sollen Ruhe und Sicherheit vermitteln. In einer solchen Situation fragen sie immer erst an, ob sie willkommen sind. Atemrhythmus, Mimik, Entspanntheit bzw. beginnende Unruhe verraten, ob der sterbende Mensch in diesem Augenblick berührt werden möchte. Langsam können unsere Hände von den Ellbogen über Schulten und Brust in Richtung Kopf wandern, stets bereit, beim geringsten Zeichen von Abwehr einen Schritt zurück zu gehen. Das Verwenden beider Hände schließt den Kreis der Beziehung. Demente Sterbende verfügen in der Regel nur mehr über ein stark eingeschränktes Körperbewusstsein. Das gut gemeinte Halten der Hand als klassische Geste der Begleitung ist in dieser Situation häufig nicht mehr sinnvoll. Der Sterbende kann diese Form der Nähe oft nicht mehr auf sich beziehen.

Fazit

Gute Betreuung demenzkranker alter Menschen setzt die innere Zustimmung zur *Gleichwertigkeit* und *Gleichwürdigkeit* aller Menschen voraus. Diese Haltung verzichtet darauf, Maßstäbe anzulegen oder Defizite zu bewerten, sie nimmt die Person ohne Wenn und Aber so an, wie sie ist. Erst diese Einstellung befähigt uns dazu, die Not des Anderen zu erkennen. An fortgeschrittener Demenz leidende Menschen sind am Ende des Lebens auf Berührung und Nähe angewiesen. Unseren beseelten Händen kann es bis zuletzt gelingen,

Demenzkranke zu erreichen und ihnen in einer haltlos gewordenen Welt wieder Halt zu geben.

» Unser Körper ist der Handschuh der Seele, seine Sprache das Wort des Herzens« (Samy Molcho).

Literatur

Barolin GS (2006) Integrierte Psychotherapie. Wien (Springer) 83f.
Bauer J (2006) Warum ich fühle, was du fühlst. 5. Aufl. München (Wilhelm Heyne).
Feil N (2005) Validation. München (Reinhardt).
Feil N (2007) Validation in Anwendung und Beispielen. Der Umgang mit verwirrten alten Menschen. München (Reinhardt).
Gottschlich M (1998) Sprachloses Leid. Wien (Springer).
Krahlisch N (2006) Immer wieder Premiere. Berliner Zeitung, 25.04.06, S 3.
Morrison RS, Siu AL (2000) A comparison of pain and its treatment in advanced dementia and cognitively intact patients with a hip fracture. Journal Pain Symptom Management 19: 240–248.
Radio Österreich 1: Menschenbilder – Samy Molcho. Sendung am 8. 1. 2006
Shega JW, Hougham G, Stocking CB, Cox-Hanley D, Sachs G (2006) Management of Non-cancer Pain in Community-Dwelling Persons with Dementia. Journal of the American Geriatrics Society, 54(12): 1892–1897.

Korrespondenzadresse:
Dr. Dr. Marina Kojer
Ernst Karl Winter-Weg 8/6
1190 Wien (Österreich)
E-Mail: *Marina.Kojer@chello.at*

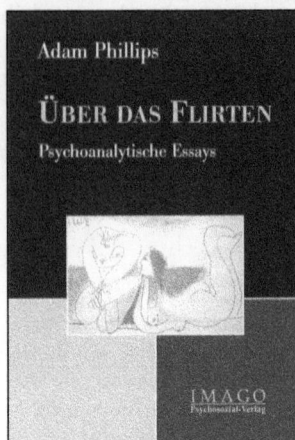

»Wenn ich bin, ist der Tod nicht; wenn der Tod ist, bin ich nicht« – Gedanken zur Psychodynamik, Übertragung und Gegenübertragung angesichts des Todes

Gabriele Junkers (Bremen)

> »*Leben ist für das Ich gleichbedeutend mit Geliebtwerden*«
> (S. Freud 1923, 288).

Zusammenfassung

Nach einem kurzen Abriss zur *psychoanalytischen Bedeutung von Tod und Sterben* wird zu zeigen versucht, wie das Verhältnis zum Tod die vielfältigen Möglichkeiten im Umgang mit Verzicht und Verlust sowie mit der Annahme von Endlichkeit die individuelle seelische Entwicklung prägt. Im Sterben zeigt der Sterbende etwas von seiner persönlichen Art und Weise, wie er dem Leben begegnet ist. Die entwickelten Gedanken werden mit Beispielen für das Zusammenspiel von Übertragung und Gegenübertragung illustriert.

Stichworte: Tod, Psychodynamik, Übertragung, Gegenübertragung

Abstract: Thoughts on psychodynamic, transference and countertransference when facing death

Starting with a short abstract on the psychoanalytical meaning of death and dying, it will then be shown how the relation to death affects the manifold possibilities of dealing with renunciation and loss and how the acceptance of finiteness influences individual mental development. While dying, the dying one reveals part of his/her personal manner of how he/she encountered life. The developed thoughts will be illustrated with examples about the interaction of transference and countertransference.

Key words: death, psychodynamic, transference, countertransference

Einleitung

Als ich einwilligte, einige Gedanken zum Thema *Tod und Sterben* zur Diskussion zu stellen, war mir nicht klar, dass ich im Begriff war, eine unheimliche und darüber hinaus eigentlich unmögliche Aufgabe zu übernehmen. Indem ich mich zum Nachdenken über dieses Thema bereit erklärte, begab ich mich freiwillig in den unangenehmen Zustand eines Grenzgängers: Ich möchte über etwas nachdenken, was ich aus eigener Erfahrung nicht kenne, was aber mich – wie jeden Menschen auch – in Angst und Schrecken versetzt. Mir schien deshalb das Zitat von Epikur[1] als Überschrift passend: » *Wenn der Tod ist, bin ich nicht; wenn ich bin, ist der Tod nicht* «.

Ich werde mich also nicht mit dem *Totsein* beschäftigen, auch nicht mit dem Wirken des Todestriebes und destruktiver Impulse im Rahmen psychoanalytischer Behandlungen. Ich werde auch nicht über die Behandlung einer 68-jährigen Patienten berichten, die ihren Wunsch, gut sterben zu können, nach ihrer mehrere Jahre dauernden Psychoanalyse in den Wunsch umformulierte: » *Ich möchte gut leben können* «.

Vielmehr möchte ich mich, wie Hägglund (1981) es nennt, mit der » *Kreativität des Sterbens* « beschäftigen. Die psychische Bedrohung durch das Gewahrwerden der Endlichkeit unseres Lebens ist vielfach beschrieben worden (z. B. Jaques 1965). Konkreter wird die Angst angesichts des Todes durch die vielen drohenden Verluste wie etwa:

➤ den Verlust der äußeren Welt,
➤ den Verlust der wahrnehmenden und fühlenden Verbindung zum Leben,
➤ den Verlust von (libidinös besetzten) Liebesobjekten sowie
➤ den Verlust von wunscherfüllenden Objekten (narzisstisch).

All diese mit dem Gedanken an den Tod aufgezwungenen Entbehrungen erfordern Trauerarbeit und beflügeln Abwehrleistungen, die den Schmerz lindern und Phantasien auftauchen lassen, die unter Umständen sogar die Qualität realer Objekte im Sinne von Übergangsobjekten übernehmen können.

Die Entwicklung der Fähigkeit zum Trauern sehe ich als eine zentrale menschliche Entwicklungsaufgabe an. Inwieweit jedoch der Sterbende zur trauernden Bearbeitung eines so massiven Verlustes, wie dem des eigenen Lebens fähig ist, hängt von seinem Reifegrad bzw. von der individuellen Aus-

---

1 Aus seinem Brief an Menoikeus.

formung seiner seelischen Struktur und der Qualität der inneren Objekte ab. Veränderungen der Anpassungsfähigkeit gegenüber der inneren und äußeren Welt im Sinne einer kreativen Leistung sieht Hägglund als Vorbedingungen für den Sterbeprozess an.

Ich möchte anhand von zwei Beispielen eine Diskussion darüber anregen, welche Formen der unbewussten Dynamik bzw. Abwehr wir angesichts der Endlichkeit und des Todes antreffen können.

Vorab einige Gedanken zur Sterblichkeit

Freud schreibt in »*Das Unheimliche*«, was wir alle wissen: »*… der Satz, alle Menschen müssen sterben, steht zwar in allen Lehrbüchern, aber keinem leuchtet er ein*«. Eigentlich aber sei der Tod »*Ausgang jeden Lebens und demzufolge (sollte) eigentlich jeder auf sein Ende vorbereitet sein. Aber wir benehmen uns, als sei dies nicht so: wir haben eine unverkennbare Tendenz, ihn beiseitezuschieben, und versuchen, ihn totzuschweigen*« (Freud 1915b, 341f.). Freud fährt kurz nach dieser zitierten Stelle fort: »*Unser Unbewusstes glaubt nicht an den eigenen Tod, es gebärdet sich wie unsterblich*« (350). Aber »*… auf kaum einem anderen Gebiet hat sich unser Denken und Fühlen seit den Urzeiten so wenig verändert, ist das Alte unter dünner Decke so gut erhalten geblieben wie in unserer Beziehung zum Tode*« (Freud 1919h, 254–255).

Wenn wir uns vor Augen halten, was Epikur (342–270 v. Chr.) bereits vor Christi Geburt sagt: »*Das einzig Sichere in unserem bewussten Leben ist das Faktum, dass wir irgendwann einmal sterben müssen, die Ungewissheit, wann dies sein wird, lässt den Gedanken an den Tod immer präsent sein. Der Tod ist unsichtbar und nicht berührbar; wie er sich anfühlt, ist uns ebenfalls unbekannt. Er ist unangenehm und wir verdrängen ihn. Aber das Wissen um die Existenz des Todes setzt etwas in uns in Gang*«, dann zeigt sich, dass sich in unserem Fühlen und Denken seit Urzeiten wenig verändert hat, wie Freud feststellte.

Wir Psychoanalytiker wissen heute, dass psychische Entwicklung – und ich wage zu sagen, auch kulturelle Entwicklung –, ohne das Faktum des Todes zu berücksichtigen, nicht vorstellbar ist. Wir alle – als Individuen oder in kleinen oder großen Gruppen – glauben, den mit dem Tod verbundenen Schrecken mit Hilfe von kollektiven Ritualen, Überzeugungen, Ausbildung von Glaubenssystemen, individuellen Abwehrstrategien und vielerlei Fantasiebildungen mildern zu können. Die Bedrohung, die in der Konfrontation mit den Themen Endlichkeit, Tod und Sterben liegt, inspirierte viele Künstler, um das Unfassbare in einem kreativen Prozess zu verarbeiten bzw. um dem Unfassbaren auf diese Weise ein Gesicht zu geben, wie in sogenannten Vanitas-Bildern.[2] Diese beruhen auf der christlichen und jüdischen Vorstellung von der Vergänglichkeit alles Irdischen, wie sie im Buch Kohelet (Prediger) im Alten Testament niedergelegt worden war[3]. Es geht also um die Bewältigung einer existentiellen Bedrohung, der Bedrohung des Lebens an sich, die mit großem psychischem Schmerz verbunden ist. Dieser aber – so sagt Freud – kommt vom Leben, und Heidegger (1927) bekräftigt: »*Eine Psychologie des ›Sterbens‹ beleuchtet eher das ›Leben‹ des ›Sterbens‹ als das Sterben selbst*«. Es ist der Kreativität des Einzelnen überlassen, wie mit dieser Bedrohung umgegangen werden kann.

Der Tod in der klinischen Praxis

Bei keinem gerontopsychiatrischen Patienten im Rahmen meiner klinischen Arbeit begegnete ich explizit Äußerungen, die die Angst vor dem Tod direkt betrafen. Konnten Gedanken an die Endlichkeit des Lebens zugelassen werden, möglicherweise durch ein unmissverständliches, schweres Krankheitserleben erzwungen, so äußerten sie fast ausschließlich Angst vor möglichem Leiden, Abhängigkeit und Ohnmacht. Darüber hinaus stellten sich die Betroffenen immer wieder die Frage: warum ich, warum jetzt? Viele Patienten empfanden das ihnen auferlegte Leiden als Bestrafung für etwas, dessen Sie sich schuldig fühlten. Sie schienen bemüht, mit diesen Fragen dem Leiden und dem drohenden Tod einen Sinn zu verleihen. Viele versuchten, über das Schuldempfinden letztlich wieder Kontrolle über das Bedrohliche und so über das schwer Fassbare zu gewinnen.

Ich bin nach klinischen Beispielen gefragt worden. Da ich mit Sterbenden direkt nie gearbeitet habe, nehme ich diese Gelegenheit wahr, um über die Frage zu sprechen, in welcher Weise sich Wahrnehmungen und unbewusstes *Wissen* des Körpers der Seele mitteilen und dort ihren Ausdruck finden

---

2 Aus dem Lateinischen: Schein, Nichtigkeit, Eitelkeit.
3 Martin Luther übersetzte »nichtig« oder »vergänglich« mit »eitel«.

können. Außerdem haben mich solche Nachwirkungen des Todes von Menschen beeindruckt und beschäftigt, die sich nicht in Form von Trauer um einen Verlust, sondern durch ein eigentümliches Lebendigbleiben der zum Verstorbenen gehörenden Seelendynamik äußern. Ich möchte Beobachtungen zur Diskussion stellen, wie die Psychodynamik als Hinterlassenschaft eines Verstorbenen auch nach dessen Tod im Umfeld seines Todes einer Situation den Stempel aufdrücken und bestimmte Bewegungen des Seelenlebens bei den Hinterbliebenen in Gang setzen kann. Ich stelle zur Diskussion, ob es sich bei diesen Auswirkungen um projektive Identifikationen nach dem Tode handeln könnte.

Nachwirkungen des Sterbens älterer Heimbewohner in der Balintgruppe

Lassen Sie mich zunächst von Erfahrungen aus *Balintgruppen* berichten, die ich über viele Jahre in Altenheimen durchgeführt habe. Diese Arbeit brachte mich zu der Überzeugung, dass unser psychoanalytisches Handwerkszeug, insbesondere unser Wissen über die im Rahmen von psychotischer Dynamik verwendeten Abwehroperationen, viel dazu beitragen kann, den seelischen Druck, dem sich die Pflegekräfte ausgesetzt fühlen, zu mildern und dadurch ein mit Gewaltbereitschaft aufgeladenes Handlungspotenzial abzuschwächen. In diesen Gruppen wurden betagte Menschen vorgestellt, die vom Pflegeteam im Umgang als besonders schwierig empfunden wurden. Meiner Einschätzung nach würden wir als Analytiker die psychische Struktur vieler dieser Bewohner als Borderlinepersönlichkeiten einstufen. Ich meine damit Menschen, die aus chronischer innerer Leere jedes Verlassenwerden – real oder befürchtet – zu verhindern suchen und bei denen auf dem Hintergrund instabiler Beziehungen und Stimmungslagen idealisierende und abwertende Haltungen, begleitet von heftigen Affekten, einander abwechseln. Heftig agierende Aktionen und kontrollierende Projektionen machen den Umgang mit ihnen für die Pflegekräfte sehr schwierig. Ich möchte hervorheben, dass es sich hierbei immer um Ältere *ohne* schwere demenzielle Beeinträchtigung handelte. Denn, wie ich an anderer Stelle dargelegt habe, verändert sich mit dieser Erkrankung auch die Fähigkeit, mit Hilfe der Übertragung und Gegenübertragung zu kommunizieren (Junkers 1995). Während dieser Balintgruppenarbeit habe ich insofern indirekt viele Bewohner bis zu ihrem Tod begleitet.

Lassen Sie mich nun von Frau H. berichten. Sie ist Ende 70 und wird im Heim versorgt, weil ihr Mann schon früher verstorben war und die berufstätigen Kinder sie aufgrund der großen räumlichen Entfernung nicht versorgen konnten. Über ihre Vorgeschichte ist – wie so üblich – wenig bekannt. Frau H. setzte lange Zeit heftige Konflikte zwischen den Pflegeteams, der Morgen- und Nachmittagschicht, in Gang. Immer wieder warf die Morgengruppe der Nachmittagsgruppe vor, etwas im Umgang mit ihr falsch gemacht zu haben und umgekehrt: Während die erste Gruppe z.B. ganz sicher war, dass Frau H. das Gebadetwerden liebe, war die zweite Gruppe davon überzeugt, dass sie die Badewanne hasse und nur geduscht werden möchte. Ähnliche Auseinandersetzungen betrafen das Essen, die Pflege und vieles mehr. Auf diese Weise entwickelte sich eine regelrechte Verfeindung zwischen den Teams. Bei der Bearbeitung dieser Konflikte, auf die ich hier nicht näher eingehen möchte, erfuhr ich, dass die drei Kinder von Frau H. kaum untereinander Kontakt hatten und bei ihren Besuchen jeweils die abwesenden Geschwister beschuldigten, etwas falsch gemacht zu haben, was Frau H. störe und schade. Die Kinder beschuldigten auch das Pflegepersonal, verantwortungslos gegenüber Frau H. zu handeln.

Eine akute Verschlechterung des Gesundheitszustandes bewog die zweite Gruppe, Frau H. ins Krankenhaus zu überweisen, worüber sich die erste Gruppe empörte: auf alle Fälle hätte man sie doch vor einer Krankenhauseinweisung bewahren müssen. Nachdem sie schließlich in der Klinik verstarb, stellte ich überrascht fest, dass die aggressive Dynamik der beiden im Konflikt liegenden Teams fortbestand. Sie fanden ihr Aktionsfeld in Problemen mit ganz anderen Bewohnern, über die es in dieser Weise vorher nie zu ähnlichen Auseinandersetzungen gekommen war. Erst als ich nach einiger Zeit versuchte, deutend einen Zusammenhang zu Frau H. herzustellen, konnte sich wieder eine versöhnliche Atmosphäre breitmachen, wie ich sie aus der früheren Arbeit kannte.

Die Wirkung meiner Intervention lässt m.E. den Schluss zu, dass hinter den Konflikten, die von den Teams nach dem Tod von Frau H. vorgebracht wurden, im Verborgenen immer noch deren Schuldzuweisungen aktiv waren. Es schien, als sei Frau H. noch am Leben und brauche die Konflikte wie zu ihren Lebzeiten zur Entlastung ihrer Seelendynamik, indem sie sich mittels projektiver Identifizierung von ihren inneren Spannungen befreit, um die abgespaltenen unerträglichen Teile ihrer selbst in den verschiedenen Gruppen unterzubringen zu können.

Aber es bedurfte im Team auch einer Form der Geneigtheit, eines Entge-genkommens, sich diese projektive Identifizierung zu eigen zu machen. Wir wissen, dass diejenigen, die in der Pflege mit Älteren arbeiten, häufig zu ei-ner bestimmten Persönlichkeitsstruktur tendieren, bei der Probleme mit der Triangulierung eine zentrale Rolle spielen. Erst nach meiner Intervention erfuhr ich von den Pflegeteams, dass Frau H. eine Mutter gewesen war, die jedem ihrer drei Kinder das Gefühl gegeben hatte, ein Einzelkind zu sein. So können wir verstehen, dass sich die Kinder noch jahrelang gerichtlich um das Erbe von Frau H. stritten. Als ich in einer Todesanzeige den Spruch las: »Das Sichtbare ist vergangen, es bleibt die Liebe und die Erinnerung«, hatte ich den Impuls, ihn umzuformulieren und zu sagen: »Auch wenn das Sichtbare vergangen ist, kann auch Hass als unbewusste Erinnerung be-stehen bleiben und in verborgener Weise unser Erleben und Verhalten in Bezug zur verstorbenen Person weiter beeinflussen«.

Eissler (1955) fasst den Tod als psychologisches Ereignis auf, das in der Le-bensgeschichte des Individuums verankert und in den Strom des Unbewussten eingebettet ist und so in ganz persönlicher Weise zum Sterbenden gehört; er ist das Endergebnis dieser Individualität. Unser Charakter ist durch die einma-lige und höchst individuelle Kombination der persönlichen Abwehrstruktur geformt. Hanna Segal (1957) versteht seelische Veränderungen im Alter als Entgleisung der prämorbiden Psychopathologie angesichts der unbewussten Ängste vor dem Tod. Auch wenn wir uns ihren theoretischen Ansichten weniger gewogen fühlen, können wir doch sagen, dass sich die Abwehr angesichts der Endlichkeit und des Gewahrwerdens der Alterungsprozesse, ganz besonders aber angesichts des Todes verstärkt, und den Schluss wagen: Jeder stirbt seinen eigenen, individuellen Tod. Wie ein Mensch stirbt, kann uns deshalb einiges über seine persönliche Seelenstruktur vermitteln.

Aus psychoanalytischem Blickwinkel können wir aus dem eben berich-teten Beispiel die Hypothese ableiten, dass die verstorbene Frau H. Spal-tungsmechanismen zur Abwehr unerträglicher Gefühle verwendete und in der Beziehungsaufnahme den jeweils abwesenden Dritten zum potenziellen Feind werden ließ. Eine nachhaltige Entwicklung zur Fähigkeit, trianguläre Beziehungen zu gestalten, schien ihr nicht gelungen.

Das Erwähltsein zum Tode, während draußen das Leben weitergeht, können wir als den Inbegriff des Ausgeschlossenseins, des Gefühls des nicht mehr Dazugehörens ansehen. Die Wucht, mit der die Kämpfe in einem Team wüteten, das sonst gegenüber meinen Interventionen viel offener und flexibler war, und meine Ohnmacht, die ich während dieser Supervisionsarbeit erlebte, ließen mich in meiner Gegenübertragung etwas von der heftigen Seelendynamik von Frau H. erspüren, die auch nach ihrem Tod dem Team lange ihren Stempel aufdrückte.

Ich glaube, dass wir als psychoanalytisch arbeitende Gerontologen einen wichtigen Beitrag zur Erhaltung der Arbeitsfähigkeit von Pflegekräften in der Altenhilfe leisten können. Doch vorab sind wir vor die Aufgabe gestellt, die in uns allen wirkende Abwehr gegenüber Tod und Sterben soweit zu reflektieren, dass wir psychisch dazu in der Lage sind, dieses Tabu zu entkräften, um einen Verständniszugang zum Umgang mit schwierigen alten Menschen zu eröffnen. Dabei nimmt die Arbeit mit Übertragung und Gegenübertragung einen wichtigen Platz ein. Ungewohnt ist allerdings, über Übertragung und Gegenübertragung jenseits des Todes zu sprechen.

Die Rezeption des lebensbedrohten Körpers durch die Seelendynamik

Das subjektive Befinden eines alten Menschen hat eine größere Voraussagekraft für den Zeitpunkt seines Todes als medizinische Befunde. Dieses Ergebnis der gerontologischen Forschung hat mich nicht nur beeindruckt, ich habe es auch häufig in der Arbeit mit alten Menschen bestätigt gefunden (Cockerham et al. 1983).

Freuds Aussage »*Das Ich ist vor allem ein Körperliches*« verweist auf den engen Zusammenhang zwischen Körper und Seele. In der *Traumdeutung* führt er aus, dass somatische Reize über eine seelische Bearbeitung – die *Traumarbeit* – einen Zugang zum unbewussten Seelenleben bekommen können.

Als Analytiker wissen wir, dass manche Klagen eines Patienten nicht *psycho-logisch* erscheinen, d.h. nicht in das Bild der Psychodynamik passen und uns so auf eine mögliche körperliche Störung aufmerksam machen können. Wir wissen weiter, dass körperliche Krankheiten das Unbewusste affizieren und sich im Empfinden und/oder Verhalten einen Ausdruck suchen. Eine Mutter weiß beispielsweise, wie quengelig ein Kind werden kann, bevor es eine körperliche Krankheit ausbrütet.

Ein angepasstes Ich lässt sich häufig zu Beginn einer Krankheit täuschen und reagiert auf körperliche Reize so, als seien diese seelischer Natur. Von der Psychogenese plötzlich auftretender Angstzustände überzeugt, hat beispielsweise eine knapp 50-jährige psychoanalytische Kollegin in Erwägung gezogen, nochmals eine Nachanalyse zu machen. Ein Jahr später stellte sich jedoch heraus, dass diese Angstzustände die ersten Symptome einer beginnenden Parkinsonerkrankung waren, die sich allerdings seelisch und nicht körperlich äußerten.

Bei Patienten mit frühen seelischen Störungen konnte ich andererseits beobachten, dass sich die seelischen und somatischen Quellen von Wahrnehmungen so vermischen, dass diese Konfusion die Diagnostik und Therapie erschwert. Eine Borderlinepatientin bringt beispielsweise ihre seelischen Probleme beim Internisten vor und klagt in der analytischen Behandlung über ihre verschiedenen körperlichen Symptome.

Eissler (1955/78, 105) und andere haben darauf hingewiesen, dass die körperliche Untersuchung eine wichtige Informationsquelle für die seelischen Dynamik darstellen kann. Eissler ist aber ebenfalls davon überzeugt, dass ein Psychoanalytiker, der eine organische Störung vermutet, sich weniger von seinen medizinischen Kenntnissen als von den Formaleigenschaften psychischer Prozesse leiten lässt, die nicht wissenschaftlich lehr- und erlernbar seien. Die Möglichkeit, organische Störungen zu erkennen, hängt seiner Auffassung nach auch von einem Gefühl für die psycho-somatische Gesamtsituation ab (106). Körperliche Faktoren und äußere Reize können dieselben seelischen Mechanismen in Gang setzen wie ausschließlich innerseelische Reize. Er führt aber auch den Gedanken von Felix Deutsch (1949) weiter, dass die Anamnese zu körperlichen Symptomen häufig die Geschichte einer Neurose enthalte. Falsch sei es, diese Geschichte nur so zu verstehen, dass das betreffende Symptom psychischen Ursprungs sei.

Auf diesem Hintergrund möchte ich zwei weitere Fallvignetten zur Diskussion stellen:

Ein 61-jähriger Patient, Herr E., kommt zur Beratung, weil er depressiv sei und mit dem Alter nicht zurecht komme. Der dunkelhäutige, untersetzte Mann mit weiß gekraustem Haar schildert mir, dass er in Eritrea aufgewachsen und über viele Umwege Professor für Soziologie und Politologie geworden sei. Früher hatte er in Amerika gearbeitet und war jetzt an einer deutschen Universität erfolgreich. Eine Ehe in Amerika war gescheitert. Mit der Frau, mit der er jetzt zusammenlebe, könne er sich nicht zu einer Heirat entscheiden.

Während der wenigen Sitzungen, in denen wir miteinander sprachen, spielte die Frage seiner Zukunftsgestaltung die Hauptrolle: Sollte er sich endgültig für ein Leben in Deutschland entscheiden? Sollte er nach Amerika zurückgehen, von wo er sehr interessante Arbeitsangebote erhalten habe? Im tiefsten Herzen aber wünsche er sich, nach Eritrea zurückzugehen. Sein dringlichster Wunsch sei es, sich dort aktiv für sein Land einzusetzen, um dessen so schwierige politische Situation zu verbessern. Er war dort als Kind wohlhabender Eltern aufgewachsen. Er war von einem Kindermädchen aufgezogen worden und hatte seine Mutter kaum gesehen. Bewusst hatte er dies nie als Entbehrung erlebt. Der Konflikt zwischen Autonomie und sehnsüchtiger Anlehnung haben sein ganzes Leben bestimmt. Auch bei mir suchte er einerseits Hilfe, um seine Ziele zu erreichen, und andererseits Anlehnung, konnte sich aber nicht zu einer Behandlung mit kontinuierlichen Terminen entscheiden. Er sehnte sich nach dem Gefühl eines Zuhauses, eines Aufgehobenseins, von dem er jetzt erstmals sagen konnte, dass er dies früher nie durch mütterliche Fürsorge erfahren habe. Jetzt möchte er es irgendwie erzwingen – nur wie? Dies alles erfuhr ich in vier Gesprächen, die in Abständen von 1–2 Monaten stattfanden. Nach etwa einem Monat meldete er sich erneut und klagte sich an, dass er sich noch nicht zu einer klaren Entscheidung habe durchringen können. Wie nebenbei erwähnte er Schmerzen in der Brustgegend und erklärte mir, dass eine medizinische Untersuchung in Amerika die Diagnose eines Aneurysmas ergeben habe. Er zweifle, ob eine angeratene Operation wirklich das Richtige sei.

Wiederum wie nebenbei berichtet er von einem Traum, der ihn beunruhigt habe, obgleich er eigentlich schön gewesen sei. Er habe sich als kleiner Junge geträumt, den seine Mutter in die Arme schloss und ihn wegen etwas, was er nicht genau erinnern könne, getröstet habe. Es sei ein sehr schönes Gefühl gewesen.

In mir löste unser Gespräch, insbesondere aber dieser Traum, nach der Stunde eine intensive, mir unerklärliche Traurigkeit aus, die ich in ihrer Intensität als nicht zu mir gehörig empfand, aber nicht verstehen konnte. Nur wenige Tage später las ich dann in der Zeitung seine Todesanzeige.

Dieser Mann hatte mit mir nicht über das Sterben gesprochen. Vielmehr konnte ich das Ventilieren von vielerlei verschiedenen Gestaltungsmöglichkeiten seiner Zukunft als maniforme Abwehr des Gewahrwerdens der Endlichkeit und seines Älterwerdens sehen, und damit als Abwehr seiner depressiv erlebten Verluste. Erst nachträglich glaubte ich zu verstehen, dass er eine Beratung suchte, weil er etwas in seiner Körperrealität wahrnahm, was ihn sehr beunruhigte, wofür es aber keinen Ausdruck, keine Worte gab. Diese Wahrnehmung versuchte er – wie so häufig in seinem Leben – mit Progression und maniformer Abwehr zu bewältigen. Mit dem Versuch einer omnipotenten Verleugnung seines Alters und seiner Lebenssituation schien er um maniforme Reparation bemüht. Er wollte nicht nur seine Heimat unterstützen, sondern sie eigentlich retten – Ziele, die eigentlich unrealistisch waren. Er gab mir auf diese Weise zu verstehen, dass er noch etwas in Ordnung bringen wolle, um endlich seinen Frieden mit einer als Heimatbasis untauglichen Mutter finden zu können. Erst als die körperliche Realität mit Beschwerden unerträglich wurden, suchte er einen Arzt auf und erfuhr von der Diagnose.

Seinen Traum schließlich verstehe ich auf zweierlei Weise, sowohl als eine idealisierende Übertragung zu mir als einer möglichen Analysemutter, bei der er finden könnte, was er bisher immer vermisst hatte, als auch als Hinweis auf eine Ahnung von dem bevorstehenden Tode, den er sich womöglich auch als Realisierung eben dessen vorstellte, wonach er sich immer gesehnt hatte: Einer Verschmelzung mit der ausschließlich guten Mutter und damit der Verleugnung der bösen Brust (in Form des Verlustes der guten Brust durch das Sterben).

Ich komme nun zu meinem zweiten Beispiel:

Frau K, 84 Jahre, frühere Studienrätin, sehr rüstig und geistig rege, ist vor wenigen Jahren aus ihrer Heimatstadt in eine benachbarte Stadt in ein Altersheim in der Nähe ihres Sohnes gezogen. Sie hat sich prächtig eingelebt, hat viele neue Kontakte geknüpft und leitet mehrere Gruppenaktivitäten. Jetzt wird sie zu einem größeren Fest einer jüngeren guten Freundin eingeladen, auf das sie sich lange gefreut und für das sie bereits ein »tolles« neues Outfit gekauft hat. Vier Tage vor dem Fest ruft sie ihre Freundin an und spricht in einer sich selbst analysierenden Weise darüber, dass sie ganz plötzlich merkwürdig depressiv geworden sei. Das überrasche sie umso mehr, da sie sich doch eigentlich so sehr auf das Fest freue. Sie überlegt weiter, ob sie vielleicht unbewusste Vorbehalte gegen die Reise in die alte Heimat habe und sich durch eine Ausweichbewegung vor dem seelischen Schmerz in der alten Heimat drücken wolle. Aber irgendwie scheine ihr diese Erklärung nicht zu passen, denn eigentlich glaube sie, den Abschied bereits gut bewältigt zu haben.

Die Freundin, zu deren Fest sie fahren wollte, berichtet später, dass sie von diesem Gespräch auf merkwürdige Weise sehr berührt gewesen sei. Ei-

gentlich wollte sie der alten Freundin die Bedenken und grauen Gedanken in einem weiteren Gespräch ausreden. Als sie jedoch den Hörer auflegte, musste sie heftig weinen und war von einer Traurigkeit überfallen worden, die sie nur sehr schwer abschütteln konnte.

Einen Tag später wurde Frau K. mit einem Schlaganfall, der zu Sprachstörungen und Lähmungserscheinungen führte, ins Krankenhaus eingeliefert, wo sie nur kurze Zeit später starb.

Die erahnte Todesnähe begegnet Frau K. in selbstanalysierender Weise, und die Qualität ihrer Überlegungen verweist auf ein relativ reifes seelisches Funktionsniveau, das Trauer als bewusste Form des Erlebens und Verarbeitens zulassen kann. Die Wucht der Lebensbedrohung kommt m.E. jedoch in der projektiven Identifikation bei ihrer Freundin in Form ihrer Trauer zum Tragen.

Der eigene Körper wird fast immer als stiller, unaufdringlicher Begleiter erlebt, der eine gutmeinende Behandlung meist mit einer positiven Rückwirkung auf das seelische Befinden belohnt. Im Fall von Schmerzen, Schwäche und Versagen der Körperfunktionen macht er sich als etwas unangenehm Getrenntes bemerkbar. Er kann wie ein äußeres Objekt erlebt werden, entweder ein begleitendes Mutterobjekt, dessen Anwesenheit lebensnotwendig ist, oder als ein feindlich-verfolgendes Objekt, vor dessen Überwältigung im Sinne einer symbiotischen Verschmelzung es sich zu schützen gilt.

Schlussüberlegungen

Das Anliegen dieser kurzen Arbeit war, den Gedanken zur Diskussion zu stellen, dass unbewusste Wahrnehmungen aus dem Bereich des Körpers sich in Objektqualitäten, Wünschen, Ängsten und Gefühlen niederschlagen können: Während im ersten Fall von Herrn E. die nahende Lebensbedrohung intensive Sehnsucht und Wünsche nach dem Primärobjekt und nach Wiedergutmachung in Gang setzten, haben wir es im Fall von Frau H. mit einem Menschen zu tun, der etwas Nicht-Einzuordnendes wahrnimmt, das sich nachträglich als Signal aus dem Körper herausstellt. Ihre Empfindung war in eine Szene eingebunden, in der die Unmöglichkeit der Rückkehr zum Primärobjekt und die Angst vor dessen Verlust bewusst waren.

Literatur

Bonaparte M (1940) Time and the Unconcious. Int J Psychoanal 21: 427–468.

Chadwick M (1929) Notes upon the Fear of Death. Int J Psychoanal 10: 321–334.

Cockerham WC, Sharp K, Wolcox J (1983) Aging and perceived health. J Gerontol 38: 349–55.

Deutsch F (1949) Applied Psychoanalysis. New York (Grune & Stratton).

Eissler KR (1955/78) Der sterbende Patient. Stuttgart (Fromann-Holzboog).

Epikur (342–270 v. Chr.) Brief an Menoikeus, zit. nach Nickel, R. (2005) Epikur: *Wege zum Glück*. Herausgegeben und übersetzt von Rainer Nickel. Düsseldorf, Zürich (Artemis & Winkler).

Freud S (1915b) Zeitgemäßes über Krieg und Tod. GW X. 323–61.

Freud S (1923b) Das Ich und das Es. GW XIII. 237–289.

Freud S (1919h) Das Unheimliche. GW XII. 229–268.

Freud S (1930a) Das Unbehagen in der Kultur. GW XIV. 419–506.

Hägglund TB (1981) The final Stage of the Dying Process. In: Junkers G (2006) Is it too late? London (Karnac) 131–140.

Heidegger M (1927) Sein und Zeit. Halle (Max Niemager) xi u. 438.

Junkers G (1995) Klinische Psychologie und Psychosomatik des Alterns. Stuttgart (Schattauer).

Junkers G (ed) (2006) Is it too late? London (Karnac).

Rilke RM (1925) Briefwechsel in Gedichten mit Erika Mitterer. In: RM Rilkes Nachlass (1950) 2. Folge. Wiesbaden (Insel) 63.

Segal H (1957) Fear of death – notes on the analysis of an old man. In: Junkers G (2006) Is it too late? London (Karnac) 65–73.

Korrespondenzadresse:
Dr. Gabriele Junkers
Konsul-Mosle-Weg 18
28359 Bremen
E-Mail: *info@gjunkers.de*

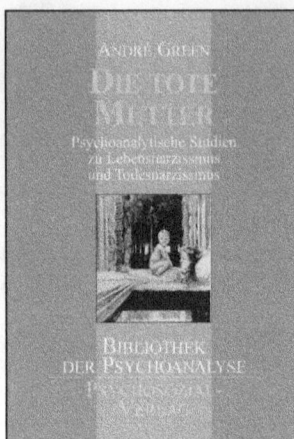

2004 · 304 Seiten · gebunden
ISBN 978-3-89806-168-1

2007 · 179 Seiten · gebunden
ISBN 978-3-89806-810-9

Mit der Metapher der »toten Mutter« beschreibt André Green nicht deren realen Tod, sondern die Erfahrung des Kindes mit einer innerlich abwesenden, depressiv zurückgezogenen Mutter. Zur Veranschaulichung der aus dieser Konstellation resultierenden psychischen Defizite des Kindes spricht er von den »psychischen Löchern« einer »weißen Depression«.

Ausgehend von dieser frühkindlichen Erfahrung widmet sich Green der Entwicklung des Narzissmus und tritt an, nicht ausgearbeitete Gedanken der Freudschen Narzissmustheorie aufzunehmen und weiterzudenken. Dabei bezieht er sowohl die Klassiker zum Narzissmus von Kernberg und Kohut in seine Überlegungen mit ein, wie auch weitere renommierte Theoretiker der Psychoanalyse: Bion, Klein, Lacan und Winnicott. Green gelingt es, die Pole des Narzissmus – Lebensnarzissmus und Todesnarzissmus – neu und nachhaltig ins Blickfeld zu rücken.

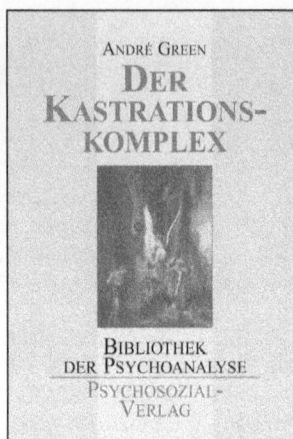

André Greens Buch über den Kastrationskomplex gliedert sich in drei Teile. Der erste beschreibt biologische und anthropologische Aspekte der realen Kastration. Der zweite Teil stellt die Entdeckung des Kastrationskomplexes bei Freud vor und entwickelt die zentrale, theoretische Bedeutung, die er in Freuds Lehre der psychosexuellen Entwicklung des Menschen erhält. Im dritten Teil werden, über Freud hinausgehend, in einer Auseinandersetzung vor allem mit Melanie Klein und Jacques Lacan gegenwärtige Perspektiven aufgezeigt.

P⊞V
Psychosozial-Verlag

Goethestr. 29 · 35390 Gießen · Tel. 06 41/ 97169 03 · Fax 77742
bestellung@psychosozial-verlag.de
www.psychosozial-verlag.de

Psychoanalytiker[1] und Tod

Christoph Biermann (Tübingen)

Wurzel alles Übels
Einig zu sein, ist göttlich und gut; woher ist die Sucht denn
Unter den Menschen, dass nur einer und eines nur sei?
Friedrich Hölderlin (1990, 78)

Zusammenfassung

Das Thema wird anhand einer Fallvignette und einer persönlichen Notfallsituation exemplarisch entfaltet mit kritischer Fokussierung auf das Buch von K. R. Eissler »The Psychiatrist and the Dying Patient«. Den Abschluss bildet der Versuch einer angemessenen Erweiterung der psychoanalytischen Theorie, die der Bedeutung von Sterblichkeit, Sterben und Tod mehr gerecht werden kann. Ausgehend von Melanie Kleins Begriff der *Positionen* versuche ich, ergänzend zum oszillierenden Verhältnis der depressiven und paranoid-schizoiden Positionen, zusätzlich die Bedeutung einer manisch-tragischen und eine kommunikativen Position aufzuzeigen und schematisch zu veranschaulichen. Angesichts des lebenslangen Konfliktes zwischen Sterblichkeit, Sterben und Tod einerseits und Kreativität, Kompetenz und Leben andererseits scheint mir die manisch-tragische und die kommunikative Position bereits latent in der Psychoanalyse, manifest in der Philosophie und auch oft im Alltag bekannt zu sein.

Stichworte: Sterblichkeit, Sterben und Tod in psychoanalytischer Erfahrung und Theorie

Abstract: Psychoanalyst and death

This paper gives a focused outline of its subject by 1) a clinical vignette, 2) by personal experiences in an emergency situation and in the common frame

---

1 Diese »ungerechte Sprache« gilt entsprechend fortgesetzt im ganzen Text für jedes menschliche Geschlecht. – Ich danke Johannes Kipp und F.-W.Eickhoff für ihre weiterführenden Hinweise und Wolfgang Loch für seine Vermittlung von Grundlagen psychoanalytischer Theoriebildung.

of the psychoanalytic community, 3) by critically focusing on the book by Eissler »The Psychiatrist and the Dying Patient«. Finally, the author tries 4) to develop an adequate widening scope of psychoanalytic theory that gives more attention to the basics and so far neglected meaning of mortality, dying and death in psychoanalytical clinical practice and theory. Starting from the concept of the oscillating paranoid-schizoid and depressive positions in the sense of Melanie Klein and Bion, on the one hand, and the frequent pheno-menon of manic-omnipotent fantasies and tragic-heroic behavior in clinical practice as well as our basic psychoanalytic instrument of communication, on the other hand, the author proposes the concepts of a manic-tragic position and a communicative position. The oscillating interrelations among all these four positions are outlined.

Keywords: Mortality, dying and death in psychoanalytic experience and theory

Methoden

In klinischen Prozessen mit ihren intra- und intersubjektiven Objektbezie-hungen benutzt die Psychoanalyse zunächst die konventionelle Kommunika-tion und Alltagssprache, entgrenzt beide jedoch mehr oder weniger entspre-chend ihrer *Grundregeln* mittels *freier Assoziationen* (auf Seiten des Patienten) und *gleichschwebender Aufmerksamkeit* (auf Seiten des Analytikers). Dabei handelt es sich nicht um eine Technik per Gebrauchsanweisung oder gar Befehl, sondern um die vertraulich-konflikthafte Kreation eines Stückes existenzieller Kommunikation zwischen zwei Menschen. Diese Vorgehens-weise ermöglicht einerseits unbewusste Imaginationen und andererseits die daran ansetzenden Deutungen und führt zur bewussten Auseinandersetzung im Dialog. Beim Durcharbeiten können sich Fantasien und Interpretationen miteinander verbinden mit dem Ziel, menschliche Hilflosigkeit und seelische Krankheiten zu mindern. Dabei fordert der Zusammenbruch bisheriger Gewohnheiten und versuchter Selbstheilung besondere Arbeit, Aufmerk-samkeit und Kommunikation, etwa i. S. von Bions »containing« während »catastrophic changes«.

Dem Unterschied von Imagination und Interpretation entsprechen zwei unterschiedliche analytische Haltungen: einer afokalen (ungerichteten) und einer fokalen (auf einen Fokus gerichteten, Klüwer 2006), wobei erstere grundlegend bleibt, die zweite aber therapeutisch entscheidend wirken kann.

Die weitere Entwicklung seit Freud vertiefte das theoretische Verständnis psychoanalytischer Prozesse um die Dimension einer *aporetischen Konstellation*, also einer Konstellation, in der Lösungen zunächst fehlen (Aporie). Ein solches Analysieren beinhaltet einen riskanten kreativen Prozess der oszillierenden De- und Re-Aporisierung, der ein Scheitern möglicher therapeutischer Transformationen nicht ausschließt (Schneider 2006). Der griechische Begriff »*a-poros*« lässt sich mit »*unwegsam*« übersetzen, *Aporie* mit »*Hilf- und Ratlosigkeit*«.

Das Wort *Tod* in seiner umfassenden Bedeutung stellt eine Umschreibung für ein Scheitern jeder Sprache dar, es dokumentiert die Grenze von Imagination und Interpretation. Karl Jaspers (1932, 219–236) widmete diesem Scheitern besondere Aufmerksamkeit und sieht es als Bedingung der Möglichkeit von *Existenz* und *Transzendenz* bzw. als Ursprung und Ziel jeder menschlichen Kommunikation. *Tod* bleibt *open end* ein Thema unter uns Menschen, trotz Epikurs Aufforderung »*gewöhne dich daran zu glauben, dass der Tod keine Bedeutung für uns hat … denn solange wir da sind, ist der Tod nicht da, wenn aber der Tod da ist, dann sind wir nicht da*«. Diese Empfehlung ist nicht zu widerlegen, aber als Aufforderung zu antiphobischer, manisch-tragischer Selbstmanipulation und Kommunikationsverleugnung zu interpretieren.

Ähnlich wie das Wort *Tod* ist auch das Wort *Leben* in seiner umfassenden Bedeutung offenbar die Überschreibung eines *Scheiterns* unserer Sprache. Während nach Karl Jaspers in einem solchen *Scheitern* Menschlichkeit, Kommunikation und Existenz wurzeln können, fabuliert Mephisto: »*Denn eben, wo Begriffe fehlen, da stellt ein Wort zur rechten Zeit sich ein*«. Sprache ist kein *toter Hausrat*, sondern Ausdruck der *Seele,* – und die fehlt diesem Theaterhelden Goethes offensichtlich. In der klinischen Psychoanalyse versuchen wir, oft durchaus erfolgreich, solche *Teufelspakte* und anderes Unbewusstes durchzuarbeiten. Wenig kritisch gehen wir aber auf Jaspers' Behauptung ein, Psychoanalyse praktiziere in ihren Theorien »*Wissenschaftsaberglauben*« (Bormuth 2002), insofern sie aus partiellen, methodengebundenen Forschungen eine *universale wissenschaftliche Weltanschauung* ableite. Eine kantianisch[2] zu konzipierende »Kritik der psychoanalytischen Vernunft«

---

2 Also Kritik an der Vernunft und mit Hilfe der Vernunft (genitivus objectivus und subjectivus).

könnte Freud wie Jaspers mehr als bisher gerecht werden und Differenzen und Grenzen zwischen psychoanalytischer und philosophischer Methode aufklären. Freud gebrauchte beide Methoden, ohne sie genügend zu unterscheiden, Jaspers nur die letztere (Saner 1970, 138), ohne die eigentümliche Bedeutung von Kommunikation in der psychoanalytischen Methode genügend zu würdigen.

Psychoanalytische Prozesse bewegen sich auf verschiedenen Ebenen der Kommunikation: asymmetrisch-dyadisch (Ebene der *primären Mutter-Kind-Beziehung*), asymmetrisch-triadisch (*Dreipersonenbeziehungen*), aber auch mehr philosophisch, also symmetrisch und *egalitär* (Habermas 2005, 211) im Konfliktbereich zwischen herrschaftsfreien Diskursen und alltäglichen Auseinandersetzungen. *Konflikte* zwischen Tod und Leben finden in der Psychoanalyse besondere Beachtung und zwar in der Theorie von *Lebens- und Todestrieben*. Sie grenzt sich von der romantischen *Sucht* unter den Menschen ab, die Hölderlins Distichon als Motto *meines* Textes beschreibt. Wahrscheinlich litt dieser Dichter an einer solchen Sucht und ging daran psychisch zugrunde (Safranski 2007, 163–171).

Nach dem *Nationalsozialismus* und dem *Kommunismus* und angesichts der Globalisierung sind auch *Aufklärung* wie *Romantik* nach ihren unbewussten, gewaltsamen Potenzen zu befragen. Martin Bergmann (2000) ist dem Konflikt zwischen *Aufklärung* und *Romantik* in der Geschichte der Psychoanalyse nachgegangen. Nach Freud und seit Ferenczi wird in der klinischen Psychoanalyse (durch M. Klein, M. Balint, D.W. Winnicott. W.R. Bion, D. Stern u.a.) immer klarer, dass Konflikte und Rivalitäten in Beziehungen zwischen verschiedenen Menschen und im Seelenleben des Individuums zwar elementar sind, dass aber anders motivierte Beziehungsmöglichkeiten klinisch und existenziell ebenso relevant und ebenso traumatisch und pathologisch deformierend und deformiert sein können. Ich denke hier an Kommunikation, die die Suche nach und die Hoffnung auf Beziehungen ausdrückt und die sich als Spiel, Verantwortung, Schuld, Erbarmen, Wiederannäherung, Dankbarkeit oder Hilflosigkeit (Freud 1895) zeigt. Analytiker und Patient sind in der Analyse auf ihr jeweiliges Gegenüber bezogen, auf dieses konkrete, verletzbare und sterbliche »*Gesicht eines bestimmten anderen Menschen*« (Lévinas 1982) und dessen Aufforderung, mit ihm in Kommunikation zu treten, es zu achten, gegebenenfalls zu schützen, zu beleben, ihm zu helfen, aber auch der Möglichkeit bewusst zu werden, es zu vereinnahmen oder anzugreifen und so fantasierter Sieger über Leben und Tod – oder Herr über Gut und Böse – zu werden. Menschlicher Kreativität sind zwischen Lambarene und Auschwitz nur sehr weitläufige Grenzen gesetzt.

Eine solche Aufforderung liegt konkret – vor aller Reflexion – bereits unserem Alltag zugrunde, jedermann und –frau kann beispielsweise *hinschauen* und *wegsehen*. Dies wird durch wissenschaftliche Untersuchungen zur Mutter-Kind-Beziehung (Dornes 2006) und durch zusammenfassende theoretische Abhandlungen über das Potenzial »*ganz normaler Menschen*« (Welzer 2005) bestätigt. Die psychoanalytische Methode beinhaltet zwar eine spezialisierte Vorgehensweise, sie bezieht sich aber nicht auf elitäre, sondern auf alltägliche Sachverhalte. Freuds Grundregel, die Bion (1970) für die Seite des Analytikers präzisierte mit der Formel: »*No memory, desire, understanding*«, regt demnach implizit eine Kommunikation an, die – reflektierend betrachtet – eine Ethik enthält, die das Tötungsverbot einschließt.

Bei philosophischen Methoden sind mir vergleichbare grundlegende ethische Implikationen nicht bekannt. Es scheint zutreffend, was der sterbende Karl Jaspers von Philosophen sagte: »*Sie haben einander niemals verstanden! Sie haben nur geredet*« (Saner 1974, 325). Konstituierende kommunikative Elemente lebenslanger, gegenseitiger methodischer Selbstprüfung wie Lehranalyse, Supervision, Intervision und Selbstanalyse kennt die Philosophie nicht. Dagegen scheint sie nicht selten dem kollektiv gebundenen Individuum befreienden Spielraum im Staunen zu eröffnen. Die Konfrontation mit menschlicher Hilflosigkeit und mit ethischen Fragen kann jedoch – etwa bei Sokrates, Karl Jaspers, Emmanuel Lévinas und nicht zuletzt bei Immanuel Kant – zum Ausgangspunkt von Philosophie gehören. J. G. Fichtes (1797) Einschätzung dürfte sogar für Philosophen gelten, die ihm nicht zustimmen, als er meinte: »*Was für eine Philosophie man wähle, hängt sonach davon ab, was man für ein Mensch ist: denn ein philosophisches System ist nicht ein toter Hausrat, den man ablegen oder annehmen könnte, wie es uns beliebte, sondern es ist beseelt durch die Seele des Menschen, der es hat.*« Die psychoanalytische Methode kann zur weitergehenden Klärung – auch für Philosophen – beitragen, was für ein Mensch man ist und welchen Spielraum dieser hat.

Klinische Erfahrungen

Herr Z. suchte mich im Alter von 58 Jahren wegen wiederholter Angstanfälle im Zusammenhang mit lebensgefährlichen Bluthochdruckkrisen auf.

Er wurde mehrfach als Notfall in die Klinik gebracht. Wir vereinbarten eine Psychotherapie mit einer Stunde pro Woche. Bisher fanden in 7 Jahren etwa 250 Sitzungen statt.

Im Alter von 52 Jahren war er während eines Urlaubs plötzlich zusammengebrochen. Nach dem sofortigen Heimtransport per Flugzeug wurde eine Aortenruptur (Bruch der Hauptschlagader) bei einem Aneurysma dissecans fast der gesamten Aorta und deren großen Abzweigungen festgestellt. Den Chirurgen gelang zwar eine operative Wiederherstellung, aber Herr Z. muss seitdem mit der Gefahr einer erneuten Ruptur leben, die zum plötzlichen Tod führen würde. Bisher zeigte sich bei den somatischen Kontrollen ein erstaunlich stabiles Bild. Der Patient fand sich im Leben eines behinderten Rentners zurecht. Er musste im Lauf der Jahre mit bis zu 10 Ärzte verschiedener Fachrichtungen aufsuchen. Diese Ärzte, gruppiert um den Internisten und den Hausarzt, gehören zu seinen wesentlichen Bezugspersonen – auf Leben und Tod.

Früher hatte er beruflich engagiert, selbstständig und erfolgreich eine kommunikativ und intellektuell anspruchsvolle Tätigkeit ausgeübt. Als Herr Z. zu mir kam, war er nicht in der Lage, die unvermeidbaren Konflikte mit seinen Ärzten zu verarbeiten. Darin wurzelten zusätzlich Ohnmacht und Angst. Ich übernahm als 11. Arzt zunächst die Aufgabe der Integration des fragmentierten medizinischen Arrangements, das trotz aller Misslichkeiten doch Vertrauen verdient. Es galt, mit Herrn Z. Leben und Tod nach menschlichem Maß zu bedenken und ihn ärztlich zugunsten seines Lebens zu unterstützen.

Psychoanalytisch stellte ich mich betont in Übertragung und Gegenübertragung auf die »anaklitisch-diatrophe« (»anlehnend-erhaltende«, R. Spitz 1956, 77) Dimension ein, die nach W. Loch (1965, 50) als bleibende Grundlage jedes psychoanalytischen Prozesses zu gelten hat und im Unterschied zu pathogenen Übertragungen und Gegenübertragungen durch Interpretation nicht aufzuheben ist. Die Analyse der pathogenen Dimension griff ich erst auf, nachdem sich unser Arbeitsbündnis – inzwischen fast wie ein Fels in der Brandung – gefestigt hatte. Entsprechend den Erfahrungen und Theorien der Objektbeziehungsforschung (von Balint, Winnicott und Bion) versuchte ich meine Arbeit als »Containment« (Hinshelwood 1993, 350–361) im Sinne einer asymmetrischen Kommunikation zwischen Patient und Arzt zu gestalten, um den Verlust-, Verlassenheits- und Todesängsten des Patienten und meinen entsprechenden Ängsten Zeit, Raum, Gestalt und Grenzen zu vermitteln.

Die somatische Medizin schien für Herrn Z. doppelgesichtig-verwirrend: Einerseits war sie lebensrettend, andererseits ließ sie ihn mit seinen Ängsten allein. Bei mir trat die Fantasie auf, Herr Z. könne durch den Stress der Psychotherapie in Verbindung mit seiner Lebhaftigkeit in eine lebensgefährliche Krise mit tödlichem Ende geraten. Das führte mich zu der Frage, inwiefern wir beide, also er und ich, in eine manische Abwehr-Kollusion geraten waren und für die illusionäre Verkennung der Realität bestraft werden könnten. Später irritierte mich ein Gegenübertragungstraum, in dem es um den tödlichen Absturz einer vor mir wandernden Frau auf einem schmalen Pfad im Gebirge ging. In der Supervision wurde mir in diesem Traum auch mein latent unbewusster Über-Lebens-Triumph (Canetti 1960) in Relation zu Herrn Z. aufgezeigt.

Aktuelle Konflikte des Patienten mit seiner Frau erinnerten ihn an seine frühe Kindheit und an die Geschichte seiner problematischen Objektbeziehungen. Im Krieg geboren, wuchs er, wie so viele seiner Generation, zunächst ohne Vater auf – dieser war Soldat in der Wehrmacht. Vom 3. bis zum 6. Lebensjahr blieb er allein bei seinem idealisierten Großvater, während seine Mutter mit seiner jüngeren Schwester und mit dem aus Gefangenschaft zurückgekehrten Vater in eine andere Stadt zog. Über dieses Schicksal berichtete er gleichmütig, ohne sich an Gefühle von Verlassenwerden, Enttäuschung, Eifersucht oder Wut zu erinnern. Als bei seiner Frau unerwartet eine lebensgefährliche Erkrankung ausbrach, erzählte Herr Z. von dem Schock, dass er vielleicht nach seiner Frau sterben werde. Bisher sei er selbstverständlich davon ausgegangen, vor ihr zu sterben. Ich griff den Abwehraspekt dieser Selbstverständlichkeit auf, dass seine Frau und wohl auch ich – anders als Mutter und Vater – ihn niemals verlassen würden. Herr Z. stimmte zu und war dann nachdenklich und erleichtert. In einer der nächsten Stunden erklärte er mir mit Dankbarkeit, wie bestärkend es für ihn sei, wenn er sich darauf verlassen könne, dass ich ihn manchmal besser verstünde als er sich selbst.

Das Wort Todesangst verwendet Herr Z. nicht. Aber seit dem ersten Gespräch war mir klar, dass jede Stunde mit ihm auch die letzte sein könnte. Meine anhaltende Angst um ihn, um uns beide und um mich sowie meine inzwischen gewachsene therapeutische Zuversicht verstehe ich als Ausdruck eines relativ gelingenden bewussten Umganges mit unser beider Hilflosigkeit. Im Umgang mit seinen somatisch orientierten Ärzten verleugnet er vermutlich seine Ängste, ähnlich wie als Kind nach dem Krieg – damals zugunsten der Wiederaufbaustimmung, heute zugunsten der medizinischen Rehabilitation.

Wenn ich mich heute frage, wie wir beide – und wie jeder für sich – in einer solchen realistischen Hilflosigkeit bestehen können, ist mir Sigmund Freuds Satz aus dem »Entwurf einer Psychologie« (1895, 411) zur Orientierung geworden: »Die anfängliche Hilflosigkeit des Menschen ist die Urquelle aller moralischen Motive«.

Herr Z. erwähnte immer wieder musikalische Erlebnisse: »Mitten wir im Leben sind mit dem Tod umfangen« – dieser Anfang eines Kirchenliedes wurde mir während der Therapie zum assoziativen cantus firmus. Als ich davon einmal sprach, nickte Herr Z. ein wenig – und diese Geste überzeugte mich mehr als viele Worte, dass diese Therapie wirksam geworden war. Mir kam die Einsicht, dass der Patient nicht nur gemäß der Orientierung lebte »si vis vitam para mortem« (wenn du leben willst, bereite den Tod vor), sondern auch »si vis mortem para vitam« (wenn du den Tod willst, kümmere dich um das Leben). Er hatte im Schutz der Therapie bei mir, angesichts seiner Hilflosigkeit, sich betont kommunikativ und weniger narzisstisch-tragisch transformieren können. Mit dieser Arbeit zugunsten seines Lebens hatte er seinem drohenden Tod mehr Anerkennung schenken können, weil und indem er meinen drohenden Triumph des Überlebens (Canetti 1960) weniger fürchten und hassen musste; denn meine tätige Hilflosigkeit war offenbar ein überzeugendes Gegengift (Antidot) gegen die mögliche »Vergiftung« unserer Beziehung sowohl durch wuchernde »Friedhofsgefühle« meinerseits als auch durch seine Angst, Wut und Scham mit den dazugehörigen Projektionen. So kümmerte er sich fürsorglicher denn je um sein Leben und überließ mehr denn je alles andere dem Gott seines Vertrauens, zu dessen unbewusster Spur vielleicht auch Menschen gehören können. Als ich ihn fragte, ob er einverstanden sei, wenn ich einiges aus unserer Therapie auf einem Symposium vortragen würde, stimmte er zu. Er kam dann auf Medizinstudenten zu sprechen, die – mit seinem Einverständnis – bei den Ultraschalluntersuchungen seiner Aorta anwesend waren und in seinem Beisein Bemerkungen machten wie: »Das sieht ja fantastisch aus!« Er erklärte mir, beides – seine persönliche Erfahrung und die medizinische Realität – dürften ihren Platz finden, aber voneinander getrennt!

Erfahrungen mit mir selbst

Im Frühling dieses Jahres zeigte sich bei mir während eines Belastungs-EKGs eine gravierende Mangeldurchblutung des Herzens. Der Arzt verordnete eine sofortige Notfallmedikation und die Klinikaufnahme zur Herzkatheter-Untersuchung. Ich sollte alles andere stehen und liegen lassen, also meine Termine dieses Morgens (Patienten, Supervision) und auch mein Auto. Was tun? Ratlos bemerkte ich auf der Landkarte meiner psychischen Orientierung einen weißen Fleck: Die mir gewohnte Psychoanalyse ließ mich im Stich, sie schwieg in dieser Situation vollständig.

Angesichts dieser Evidenz fand ich neuen Handlungsspielraum. Dieser Wendepunkt erinnert mich nachträglich an Tolstojs Erzählung »*Der Tod des Iwan Iljitsch*« (1886, 79ff.): Iwan schreit sich in drei Tagen von seinen Familienangehörigen frei, die ihn *nicht lassen*: »*Lasst mich in Ruh*« – und stirbt.

Auf die Gefahr hin, irgendwo tot umzufallen, unterschrieb ich, gegen ärztlichen Rat zu handeln, fuhr mit meinem Auto nach Hause, sagte Termine ab, schluckte 6 Tabletten für den Herzkatheter, packte das Nötigste ein und kam per Taxi zur Notaufnahme. Der Herzkatheter bestätigte die klinische Diagnose. Zwei Chirurgen boten sich an, mich binnen einer halben Stunde operationsbereit zu machen. Ich lehnte ab und entschied mich für Stents.

Meine Evidenzerfahrungen hinsichtlich der Psychoanalyse und meine Ratlosigkeit wiederholten sich auf der Wachstation, wo ich zuerst lag. Aber jetzt drängte es mich *moralisch* – Freuds Bemerkung von 1895 stand mir noch nicht zu Gebote –, daheim meine Lage zu klären, einige Gespräche zu führen, Anordnungen und testamentarische Verfügungen zu treffen und alle Termine für die kommenden zwei Wochen abzusagen. Gegen ärztlichen Rat verließ ich die Klinik, ordnete zu Hause meine Dinge und kehrte abends in die Wachstation zurück. Es war nicht nur ein Kampf oder Spiel mit dem Tod und der Medizintechnologie und nicht nur die Fixierung an einen bürgerlich geordneten, möglichen Abschied von dieser Erde, vielmehr realisierte ich meine Hilflosigkeit, was mir ein wenig neue Handlungsfreiheit gab.

Erfahrungen, die ich als Mitglied der psychoanalytic community gemacht habe

Kennt die Psychoanalyse Tod nicht? Zuerst möchte ich meinen Gebrauch des Wortes *Tod* – ohne Artikel – im Text kurz erläutern. Das Wort soll umfassend für Sterblichkeit, Sterben, Todesbilder und *den Tod* in Realität und in der Fantasie stehen. Im Bereich der psychoanalytic community begegnete mir Tod auf unterschiedliche Weise. Ich nenne vier Beispiele:

1) Bei einem Forschungsprojekt saßen wir hinter der Einwegscheibe und beobachteten die Sitzung einer psychoanalytischen Gruppentherapie. Anschließend erfolgte die Dokumentation der Eindrücke. Mir war das Schweigen der Gruppe über den kürzlichen Suizid eines Gruppenmitglieds aufgefallen. Meine Frage nach der Bedeutung dieses Schweigens fiel ins Leere. Ich wagte keine Nachfrage. Hatte ich ein Tabu berührt, das bei Analytikern zu respektieren ist?

2) Während meiner Ausbildung hörte ich von Kandidaten, einer meiner »Couchkollegen« habe sich kürzlich suicidiert. Auf meine Frage in der Lehranalyse, welche Umstände zu diesem Tod geführt hätten, sprach mein Lehranalytiker von einer *schweren Depression*, ohne seine Aussage weiter zu erläutern oder auf Motive meiner Frage einzugehen. Meine damalige Bestürzung und die schlagartig einsetzende Sprachlosigkeit in dieser Szene sind mir bis heute rätselhaft. Mindestens sie hätte eine Interpretation des Analytikers verdient.

3) Nachdem mich die Nachricht vom Tod meines Onkels B., der mir oft wie ein geistiger Vater war, erreicht hatte, wollte ich an dessen Bestattung teilnehmen. Ich musste dafür eine Analysestunde ausfallen lassen, worüber ich meinen Lehranalytiker umgehend informierte, der dies wortlos zur Kenntnis nahm. Er berechnete mir trotzdem die Fehlstunde. Ich hielt das für unstatthaft, gab schließlich nach und bezahlte wortlos und empört.

4) Eines Tages starb ein Kollege unseres Instituts nach längerer Krankheit. Ich hatte es als eine beispielhafte Geste empfunden, dass er sich nach einer kollegialen Zusammenkunft persönlich von mir verabschiedete – jenseits aller beruflichen Kontroversen. Mit Verwunderung nahm ich zur Kenntnis, dass die geplante Gedenkveranstaltung des Instituts entfiel. Erst später hörte ich, man habe den Wunsch des Verstorbenen respektiert. Was hat ihn dazu veranlasst? Sein Tod ist mir der Rede wert, bis heute.

Sind diese Erinnerungen zufällig und personengebunden oder deuten sie auf eine Strukturproblem der Psychoanalyse? Rückblickend hatten in meiner Lehranalyse Sterblichkeit, Sterben und Tod nicht existiert. Wahrscheinlich ist es auch ein Symptom meiner Geschichte, eine Geschichte der Verleugnung; dieses wurde auch in späteren, intensiven und nützlichen Nachbereitungen der Lehranalyse nicht gedeutet. Es blieb bei soviel Urvatermord, Überlebenskampf und Todestrieben keine Zeit, Gesten der Hilflosigkeit, wie etwa die Bestattung eines Onkels, zu würdigen.

Literatur über klinische Erfahrungen mit sterbenden Patienten

Nach K. R. Eisslers (1978, 28) provokanter Bemerkung geht kein Mensch zum Psychoanalytiker, dessen »*Stirn vom Tod gezeichnet ist*«. Auch für meine 35-jährige Praxis trifft diese Bemerkung zu. Herrscht in der bisherigen psychoanalytischen Praxis eine strukturelle Reaktionsbildung gegenüber Tod? Die heutige Gerontopsychosomatik und Alterspsychotherapie (Heuft et al. 2006) kam in ihrem klinischen Teil nicht auf der Couch zur Welt. In der Regel – so muss ich sagen – herrscht bei Analytikern eine selbstverständliche Abstinenzhaltung gegenüber Sterben und Tod einzelner Menschen bei gleichzeitiger Bereitschaft, über den Todestrieb und das Unbehagen in der Kultur zu diskutieren.

Die folgende Erfahrung mit einem Sterbenden, die ich als Medizinstudent erlebte, steht in Kontrast zu solcher Abstinenz. Während der Famulatur in Bethel kam der Chefarzt auf mich zu und sagte, ich solle mich hin und wieder zu einem sterbenden Patienten setzen, um zu lernen, mein Augenmerk auch auf solche Menschen zu richten. Beim ersten Besuch eines kachektischen und komatösen Mannes mittleren Lebensalters in seinem Einzelzimmer fiel mir sofort seine ein wenig leuchtende, vollständig gelbe Haut auf. Der Sterbende lag regungslos, schräg aufgerichtet mit geschlossenen Augen und ruhiger Atmung in seinen weißen Kissen, offenbar ohne mein Eintreten zu bemerken. Im Zimmer herrschte Stille, die mich schlagartig von dem aufdringlichen Getriebe in der Klinik ringsum befreite. Diese Spur einer anderen Welt mitten in diesem Leben – »*über allen Gipfeln ist Ruh*« – ist mir bis heute lebendig geblieben. Ich setzte mich neben sein Bett. Der Mann schien mich auch weiterhin nicht zu beachten, er starb und ließ mich in Ruhe. Gelegentlich kam eine Schwester ins Zimmer, um ihre Aufgaben zu erfüllen, einmal schaute der Chefarzt mit den anderen Visitenteilnehmern vorbei. Sie fragten nicht nach meinem Erleben. Seitdem verfüge ich über ein Bild vom Sterben, das Schweigen, Erschrecken, Gleichmut, Neugier auf Zukunft und auch Neid enthält.

Kurt Robert Eissler versuchte, die Phänomenologie von Sterben und Tod mit Freuds Theorie von Todestrieben zu verbinden. Er meinte, Freuds Thanatologie (Lehre von Tod und Sterben) wurzele in der Kenntnis vom Schicksal tragischer *Helden in der Literatur*, bei denen der Tod zu der Bestimmung ihres Lebens gehöre. Im Unterschied zu den *alltäglichen Nebenfiguren* der Tragödien, die *nur irgendwie* sterben oder umgebracht werden, sei es solchen Heroen eigentümlich, »*von innen her zu sterben; das Reifwerden ihres Schicksals als Lebensausdruck ist an sich selbst das Reifwerden ihres Todes*« (Eissler 1978, 28). Freud habe die Theorie der Todestriebe in der Folge seiner kulturtheoretischen Arbeiten entfaltet und nicht anhand der »*klinischen Arbeit im engeren Sinn des Wortes*«.

Eissler schildert in Fallstudien drei sterbende Patienten, bei denen er zwei bei der Verleugnung von Tod und Sterben psychotherapeutisch unterstützte, da sie entsprechend eingestellt waren.

Es geht in diesem Buch um den Versuch, eine psychoanalytische Thanatologie in Verbindung mit der klinischen Praxis der Sterbebegleitung zu entwickeln. Emanuel Garcia, Verwalter des literarischen Nachlasses Eisslers, hebt in diesem Sinne eine *Geschenksituation* hervor: »*In einem gewissen Ausmaß muss der Patient lernen, dass der Psychiater seine Wünsche besser kennt als er selbst. Dann erlebt er das Geschenk so, als würde der Arzt ihm ein Stück seines eigenen Lebens schenken; das schreckliche Stigma des Erwähltseins zum Tode, während draußen das Leben weitergeht, mildert sich zu einem Gefühl, gemeinsam zu sterben*« (Garcia 2007). Diese *Geschenksituation* interpretiere ich als einen Verzicht auf jenen manisch-tragischen Triumph der Überlebenden gegenüber den Toten, den Canetti (1960, 308) nicht nur für Napoleon auf dem Rückmarsch von Moskau, sondern implizit für den Nationalsozialismus und als bürgerliches *Friedhofsgefühl* beschrieb. Es geht beim Verzicht auf diesen Triumph um ein Phänomen, das auch im Bereich der *Schuldgefühle der Überlebenden* (H. Klein 2003) von Bedeutung zu sein scheint. Solcher Verzicht erinnert an jene *dritte Form* der Trauer – neben der zeitlich begrenzten Trauerarbeit und der endlosen melancholischen Trauer –, die B. Liebsch (2006, 289) skizziert: »*In der Trauer, nicht im Verlust irgendwelcher, geliebter Objekte werden wir gelehrt, was es heißt, in erlittenem*

Verlust die Sorge um sich hintanzustellen«. Schlicht-religiöse Trauer könnte dementsprechend auch nach eines Gottes Erbarmen für die Verstorbenen suchen – entgegen der Sorge, sich kindlicher Illusionen schämen zu müssen.

Phänomenologisch, medizinisch, philosophisch, ethisch und religiös betrachtet sterben Menschen zwar sehr unterschiedlich, aber – die Aussage sei gewagt – Sterbenden scheint doch auch eines gemeinsam zu sein, was R. M. Rilke (1902, 398) in seinem Gedicht »Herbst« beschreibt: *»Die Blätter fallen, fallen wie von weit, als welkten in den Himmeln ferne Gärten; sie fallen mit verneinender Gebärde …«*. Rilkes Sätze sind für mein Empfinden Ausdruck jener *anfänglichen Hilflosigkeit* (Freud 1895). Bei Sterbenden kann der *Todeskampf* als somatische Dekomposition bis zum letzten Atemzug dramatisch über längere Zeit dominieren, es können aber auch Phänomene entsprechend Rilkes Bild sichtbar, hörbar und spürbar werden.

Wenn Freuds letzte Triebtheorie von den *Lebens- und Todestrieben* auf sterbende Menschen angewandt wird, offenbart sich wohl kaum eine persönliche, ambivalente Erfahrung von *Tod* im Sinne Rilkes Gedicht, es kommen vielmehr Kampfmythen zum Ausdruck. Rilkes Verse deuten demgegenüber auf eine Fähigkeit und den Willen hin, Sterben und Tod in Hilflosigkeit– aber widerstrebend – zu erdulden, auch um den auf Dauer unerträglichen existenziellen *Konflikt zwischen Leben und Tod zu beenden.* Die Erzählungen vom Sterben Sigmund Freuds (Schur 1972) und von Karl Jaspers (Saner 1974) können Beispiele für Rilkes poetische Skizze sein.

Nicht wenige Menschen verbinden diese Hilflosigkeit bewusst oder unbewusst mit der Hoffnung auf eine existenzielle Transformation ohne unerträgliche Konflikte und zwar auf Wegen einer lediglich *möglichen* Kommunikation, die ebenso unbekannt und unzugänglich *bleibt* wie die Herkunft des Universums (Lesch et al. 2007) aus heutiger naturwissenschaftlicher Sicht.

Psychoanalytische Theorien zu *Tod*

In meinen Reflexionen zu *Tod* beschäftige ich mich mit den folgenden vier Konzepten:
1) Sigmund Freuds Theorie vom lebenslangen Konflikt zwischen Lebens- und Todestrieben (Laplanche u. Pontalis 1967, 143–145; 494) und vom stummen Triumph der letzteren als Ausdruck der ursprünglichen menschlichen Hilflosigkeit (Freud 1895).

2) Emmanuel Lévinas Phänomenologie vom *Gesicht des anderen Menschen* als Einbruch einer unvermeidbaren intersubjektiven Erfahrung, die Subjektivität ethisch konstituiert und zwar im Zeichen eines charakteristischen – psychoanalytisch betrachtet – *unbewussten An-Spruchs: Töte mich nicht, selbst wenn Du dazu in der Lage bist.* »*Es handelt sich dabei um die Infragestellung des Bewusstseins und nicht um ein Bewusstsein der Infragestellung*« (Lévinas 1999, 223).

3) Elias Canettis *Friedhofsgefühl* als alltägliche Form einer manisch-tragischen Reaktionsbildung gegenüber ursprünglicher Hilflosigkeit, Sterblichkeit und Tod.

4) Karl Jaspers Entwurf einer möglichen existenziellen Kommunikation: »*Existenzielle Kommunikation ist der geschichtliche, den Menschen in seiner Totalität erfassende Prozess zwischen zwei je einmaligen Selbst, indem diese in der Spannung von Selbstsein und Hingabe, für sich und füreinander in gegenseitiger Schöpfung immer erst werden. Ihr Grund ist das zirkelhafte Durch-einander-Sein von Selbstsein und Kommunikation*« (Saner 1976, 894).

Welche weitergehende Entwicklung der psychoanalytischen Theorie zu *Tod* ist in Verbindung mit diesen vier Konzepten möglich? Eine Bemerkung von S. Freud in seinem Brief vom 10.7.1900 an W. Fließ kann hier vielleicht weiterhelfen: »*Von den großen Problemen ist noch nichts entschieden. Alles wogt und dämmert, eine intellektuelle Hölle, eine Schicht hinter der anderen; im dunkelsten Kern die Umrisse von Luzifer-Amor sichtbar.*« Hier ist die Rede einerseits von einem Schwebezustand, der für eine Vernunft, die klare und deutliche Wahrheiten will, eine *Hölle* sein muss. Andererseits sind *Umrisse von Luzifer-Amor* erkennbar. Soweit mir bekannt ist, existiert bisher keine Literatur (sowie pers. Mitteilungen 2007 von G. Fichtner, G. Kimmerle u. M. Schröter) zu der Frage, was Freud später von diesen *großen Problemen* aufgegriffen hat.

Was lässt sich heute zu Freuds Mitteilung über »Luzifer-Amor« (inzwischen Titel einer Zeitschrift zur Geschichte der Psychoanalyse, Hg. M. Schröter) sagen? Luzifer (Lichtbringer) gilt biblisch (Jes.14,12; Ez 28,14; Lk 10,18; Offb 12.3) und literarisch (J. Milton) als Name eines überaus mächtigen Herrschers, dessen Größenwahnsinn im Höllensturz endet. Die spitzen Pfeile des kindlichen Kommunikationsgottes »Amor« verursachen bekanntlich auch manche unheilbare Wunde, die bei Erwachsenen extreme Gewalt provozieren kann, besonders wenn diese Wunden sich mit ähnlichen Verletzungen in frühen Objektbeziehungen verbinden. Elemente dieser luziferisch-amourösen Dynamik sind in Freuds Theorie der Triebe, im Ödipuskomplex und in M. Kleins Theorie der *paranoid-schizoiden* und *depressiven Position* vorhanden. Der Begriff *Position* bezeichnet eine bestimmte »Konstellation von Ängsten, Abwehrformationen, Objektbeziehungen und Triebimpulsen« (Hinshelwood 1989, 562) und gehört heute über die kleinianische Tradition hinaus zu den Grundtheorien der Psychoanalyse. Solche Elemente kommen auch in den Konzepten der *Oszillation* dieser Positionen (nach W. R. Bion) und der *manischen Abwehr* der *depressiven Position* (Raguse 2002) zum Ausdruck, wobei Freud manifest mehr den Amor im Spielalter des Familienlebens betont und M. Klein mehr den Luzifer in den primären Objektbeziehungen von Kind und Brust.

Das Tohuwabohu von Luzifer-Amor als dunkelstem Kern der großen Probleme, die S. Freud seinerzeit in Angriff nahm, lässt sich darüber hinaus heute nachträglich (Eickhoff 2006) differenzieren in zwei weitere, für Menschen elementare *Positionen*: Die oszillierende Dynamik einer *manisch-tragischen und einer kommunikativen Position*. Ersterer kann zwar die Funktion einer manischen Abwehr gegenüber lebenslanger Hilflosigkeit, Traumatisierung, Konfliktverstrickung, Verletzbarkeit und Sterblichkeit zukommen, darüber hinaus handelt es sich aber um eine elementare menschliche Potenz, die im Rahmen psychoanalytischer Therapien erfahrbar ist. Die mit omnipotent-narzisstischer Notwendigkeit einhergehende manisch-tragische Position steht im Kontrast zu der kreativ-kontingenten Qualität der kommunikativen Position.

Menschliche *Hilflosigkeit,* die endgültig in Sterben und Tod zum Ausdruck kommt, ist unter dem Aspekt dieser vier *Positionen* der Ursprung moralischer *und* unmoralischer Motive. Philosophische Reflexion kann das *Gute* im Bereich der *kommunikativen Position*, die auf Alterität (Anderssein) und Beziehung hofft, unterscheiden vom *Bösen* im Bereich der *manisch-tragischen Position*, die auf Identität und Narzissmus setzt. Im folgenden Schema wird versucht, die oszillierenden Relationen der vier Positionen orientierend zusammenfassen.

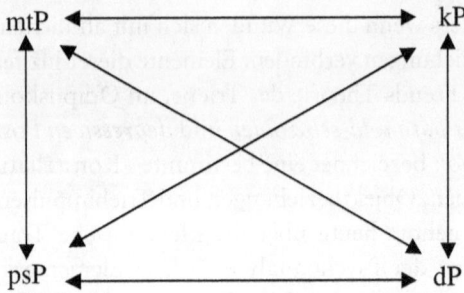

Schematische Darstellung der vier Positionen und ihrer möglichen oszillierenden Interrelationen als orientierendes Strukturmodell psychoanalytischer Prozesse.
mtP = manisch-tragische Position, kP = kommunikative Position, psP = paranoid-schizoide Position, dP = depressive Position.

Für den psychoanalytischen Umgang mit Tod kann das Schema vermitteln, dass die Berücksichtigung der manisch-tragischen und der kommunikativen Positionen eine wichtige Orientierungshilfe sein kann. Joshua Durban (2005) hebt in seinem Text über die Behandlung eines 84-jährigen Mannes die Bedeutung der Wiedergutmachung hervor – also den Bereich der kommunikativen Position. Als Gegenbewegung zeigte sich in diesem Fall eine *exzessive manische Abwehr.*

Werden in psychoanalytischen Behandlungen die hier beschriebenen vier *Positionen* berücksichtigt, so finden sich nach meiner Erfahrung häufig Hinweise auf eine unbewusst wirksame, kollektiv und transgenerational stabilisierende Gestaltungsmacht der manisch-tragischen Position in Familien und Gesellschaften. Die monomane und fixierte Dominanz nur einer Position kann als ein Merkmal seelischer Krankheit verstanden werden, während gesundes Misstrauen, angemessene Verzweiflung und Begeisterung oder schützender Rückzug zum menschlichen Spielraum mit und ohne Therapie gehören. Der kommunikativen Position kommt eine herausragende Funktion bei der Dynamik zu, das Oszillieren zwischen den vier Positionen inter- und intrasubjektiv am Leben zu erhalten. Hier wird der Philosoph die Frage stellen, ob dieses Oszillieren etwas mit menschlicher Freiheit zu tun haben könnte.

Biermann: Psychoanalytiker und Tod

Literatur

Bauman Z (2008) Flüchtige Zeiten. Leben in Ungewissheit. (Hamburger Edition).

Bergmann MS (2000) Der Konflikt zwischen Aufklärung und Romantik im Spiegel der Geschichte der Psychoanalyse. Jahrb Psychoanal 42: 73–103.

Bion WR (1965/1997) Transformationen. Frankfurt/M (Suhrkamp).

Bion WR (1970/2006) Aufmerksamkeit und Deutung. Tübingen (edition discord).

Bormuth M (2002) Lebensführung in der Moderne. Karl Jaspers und die Psychoanalyse. Stuttgart, Bad Cannstadt (Fromann-Holzboog).

Canetti E (1960/1991) Masse und Macht. Frankfurt/M (Fischer).

Dornes M (2006) Die Seele des Kindes. Frankfurt/M (Fischer).

Durban J (2005) Angst und Sinnhaftigkeit im Schatten des Todes – die Analyse eines 84-jährigen Mannes. Freie Assoziation 8(1): 41–51.

Eickhoff FW (2006) On Nachträglichkeit. The Modernity of an Old Concept. Int J Psychoanal 87: 1453–69.

Eissler KR (1955) The psychiatrist and the dying patient. New York (Internat. Univ. Press) Stuttgart, Bad Cannstadt 1978 (Fromann-Holzboog).

Epikur (2005) Brief an Menoikeus. In: Epikur: Wege zum Glück. Nickel R (Hg) Düsseldorf, Zürich (Artemis & Winkler).

Fichte JG (1797/1954) Erste Einleitung in die Wissenschaftslehre. Hamburg (Meiner).

Freud S (1895) Entwurf einer Psychologie. GW Nachtragsband, Frankfurt/M (Fischer).

Freud S (1985) Briefe an Wilhelm Fließ. Masson JM (Hg) Frankfurt/M (Fischer).

Garcia E (2007) Bleibende Relevanz. Eine Einführung in die klinischen Beiträge von Eissler KS. Luzifer-Amor 20: 91–107.

Habermas (2005) Zwischen Naturalismus und Religion. Frankfurt/M (Suhrkamp).

Hinshelwood RD (1989) Wörterbuch der kleinianischen Psychoanalyse. Stuttgart 1993 (Internat. Psychoanalyse).

Heuft G, Kruse A, Radebold H (2006) (Hg) Lehrbuch der Gerontopsychosomatik und Alterspsychotherapie. München, Basel (Reinhardt).

Hölderlin F (1990) Werke in einem Band. München, Wien (Carl Hanser).

Jaspers K (1932/1973) Philosophie 1–3. Berlin, Heidelberg (Springer).

Klein H (2003) Überleben und Versuche der Wiederbelebung. Stuttgart, Bad Cannstadt (Fromann-Holzboog).

Klein M (1934/1972) Zur Psychogenese der manisch-depressiven Zustände. In: Klein M Das Seelenleben des Kleinkindes und andere Beiträge zur Psychoanalyse. Reinbek (Rowohlt) 45–73.

Klüwer R (2006) Zur vernachlässigten Dimension des Fokalen. Psyche 60: 1105–1125.

Laplanche L, Pontalis JB (1972) (Hg) Das Vokabular der Psychoanalyse. Frankfurt/M (Suhrkamp).

Lesch H et al. (2007) Was sind und warum gelten Naturgesetze? www.pit.physik.uni-tuebingen.de/studium/generale/ws07/universum.

Lévinas E (1982) Ethik und Unendliches. Wien 1996 (Passagen).

Lévinas E (1999) Die Spur des Anderen. Freiburg, München (Alber).

Liebsch B (2006) Revisionen der Trauer. Weilerswist (Velbrück Wissenschaft).

Loch W (1965) Voraussetzungen, Mechanismen und Grenzen des psychoanalytischen Prozesses. Bern, Stuttgart (Huber).

Raguse H (2002) Paranoid-schizoide Position – depressive Position. In: Mertens W, Waldvogel B (Hg) Handbuch psychoanalytischer Grundbegriffe. Stuttgart (Kohlhammer) 536–542.

Rilke RM (1902) Sämtliche Werke. Frankfurt/M (Insel) 1975, Bd. 1, 400.

Safranski R (2007) Romantik. München (Hanser).

Saner (1970) Karl Jaspers. Reinbek (Rowohlt).

Saner H (1974) Sterben können. In: Piper K, Saner H (Hg) Erinnerungen an Karl Jaspers. München, Zürich (Piper).

Saner H (1976) Kommunikation. In: Ritter J, Gründer K (Hg) Historisches Wörterbuch der Philosophie. Darmstadt (Wiss. Buchgesellschaft) Bd. 4, 893–896.

Schneider G (2006) Ein »unmöglicher« Beruf (Freud) – zur aporetischen Grundlegung der psychoanalytischen Behandlungstechnik und ihrer Entwicklung. Psyche 60: 900–931.

Schur M (1972) Sigmund Freud – Leben und Sterben. Frankfurt/M (Suhrkamp).

Spitz R (1956) Übertragung und Gegenübertragung. Psyche 10, 63–81.

Tolstoj (1886/1974) Der Tod des Iwan Iljitsch. In: Die grossen Erzählungen. Frankfurt/M (Insel).

Warsitz RP (2005) »Um des Lebens willen bereite dich auf den Tod vor«. Freie Assoziation 8: 7–17.

Welzer H (2005) Täter. Wie aus ganz normalen Menschen Massenmörder werden. Frankfurt/M (Fischer).

Korrespondenzadresse:
Dr. Christoph Biermann
Bangertweg 17
72070 Tübingen
E-Mail: *c.biermann@supra-net.net*

Am Lebensende –
zwischen narzisstischer Abwehr und *facts of life*

Martin Teising (Frankfurt/Bad Hersfeld)

Zusammenfassung

Um den Konflikt zwischen der Anerkennung der Tatsache, sterben zu müssen, und der Abwehr dieser Erkenntnis zu veranschaulichen, wird von einem Fallbeispiel ausgegangen. Dann wird das Konzept der »*facts of life*« beschrieben. Abschließend wird auf individuelle und gesellschaftliche Wechselwirkungen eingegangen und gezeigt, was aus psychoanalytischer Sicht zur aktuellen Diskussion von Entscheidungen am Lebensende gesagt werden kann.

Stichworte: Autonomie, Lebensende, Selbstbestimmung, Anerkennung, Endlichkeit

Abstract: At life's end – between narcissistic defense and the *facts of life*

In order to demonstrate the conflict between acknowledging the fact that one has to die and fending off this knowledge, a case study will be the starting point. Then, the concept of the »*facts of life*« will be described. As a conclusion, individual and social interactions will be examined and what can be said from a psychoanalytical point of view regarding the current discussion about decisions at life's end will be presented.

Key words: autonomy, life's end, self-determination, recognition, finiteness

Einleitung

»Nur eines scheint sicher zu sein: dass der Tod dem Toten keine Möglichkeit zu einer weiteren Handlung offen lässt. Diese Unwiderruflichkeit ist es, die dem Impuls des Lebens widerspricht und die Menschen schreckt. ... Tatsächlich gelingt es dem Menschen in vielen Fällen, dem Tod durch Vorsicht, Flucht oder

Gegenwehr zu entgehen, aber definitiv umgehen kann er ihn nicht« (Nationaler Ethikrat 2006, 10f.), heißt es in der Stellungnahme des Nationalen Ethikrates zu »*Selbstbestimmung und Fürsorge am Lebensende.*« Weiter heißt es dort: »*Jeder kann mit Sicherheit auf die Tatsache des eigenen Lebensendes schließen, wann immer er die Erfahrung vom Tod anderer Lebewesen macht. ... Deshalb verfangen die Argumente nicht, nach denen der eigene Tod so lange nicht sicher sei, wie man ihn selbst noch nicht erfahren habe. Für den Menschen genügt der Anblick eines Toten, um sicher zu sein, dass er selbst dem Schicksal des Todes nicht entgeht*« (11). Das stimmt für den rational denkenden Menschen und zugleich stimmt das Gegenteil, denn wir denken, wie Matte-Blanco (1988) sagte, bi-logisch. Von einem Patienten, der den tödlichen Verkehrsunfall seiner Ehefrau miterlebte, erfuhr ich, dass ihm das schreckliche Erlebnis bestätigt hatte, dass andere sterben, er aber dem Tod entgeht.

Freud (1915) ging in »*Zeitgemäßes über Krieg und Tod*« davon aus, dass das Unbewusste keinen persönlichen Tod kennt. Bekannt ist der von ihm in diesem Zusammenhang zitierte Witz: Wenn einer von uns stirbt, ziehe ich nach Paris. Elliot Jaques (1965) nimmt hingegen an, dass unbewusste Ahnungen eigener Sterblichkeit im Traum als Zustand absoluter Lähmung, Hilflosigkeit und Kommunikationsunfähigkeit erscheinen.

Fallbeispiel

»*Ich sitze*«, träumte mein 75-jähriger Patient, »*mit meinem verstorbenen Nachbarn auf dessen Terrasse. Dann geht er, mit einem schwarzen Anzug bekleidet, fort. Ich bin schweißgebadet aufgewacht, denn es ist klar, dass er auf den Friedhof gegangen ist. Eigentümlicherweise war sein Haus bereits so umgebaut, wie es seine Tochter nach seinem Tod tatsächlich gemacht hat.*«
Der Patient sagt zu seinem Traum: »*Es geht um meinen eigenen Tod*«. Damit will ich mich nicht auseinandersetzen. Er lehnt es ab, »*auf den Friedhof geholt*« zu werden.
Diese Formulierung hat ihre besondere Bewandtnis und steht in auffallendem Widerspruch zu seiner langen und intensiven Beschäftigung mit dem Tode anderer. Sie begann mit dem sogenannten Heldentod seines Vaters in seiner Kindheit. Vor 30 Jahren war sein Neffe bei einem tödlichen Unfall schrecklich zugerichtet worden. Mein Patient wurde als Angehöriger gerufen, um ihn zu identifizieren. Er musste entscheiden, ob die Eltern den

Sohn noch einmal sehen sollten. Er wollte den Eltern den Anblick ersparen. Später hätten sie ihm deswegen Vorwürfe gemacht. Er aber stehe zu seiner Entscheidung. Diese Episode, berichtet in der Analyse, beinhaltet seinen eigenen Konflikt, der Grausamkeit des Todes ins Gesicht zu schauen oder sich diesen Anblick zu ersparen.

Der Patient hatte damals, nach dem Tode des Neffen, in der Friedhofs-kapelle eine Andacht gehalten. Daraus hat sich in der dörflichen Gemeinde ein Ritual entwickelt. Heute ist es üblich, die Toten bis zur Beisetzung dort nicht »einfach abzustellen«. Die Angehörigen können den Leichnam in die Kapelle begleiten und es werden tröstende Worte gesprochen. Diese Aufgabe hat er meistens übernommen, kann sie aber nicht mehr ausüben, nachdem er durch einen Herzstillstand mit Reanimation und anschließender Herz-operation unerbittlich die eigene Endlichkeit zur Kenntnis nehmen musste. Beim Aufwachen nach der Operation habe er von einer Krankenschwester gehört: »Sie müssen atmen.« Er habe sich entsetzlich abhängig gefühlt und ihm sei bewusst geworden, vom Atmen und damit vom Sauerstoff aus der Umgebung abhängig zu sein und eines Tages auch nicht mehr atmen zu können. Seit diesem Ereignis leidet er unter starken Angstzuständen. Regel-mäßige Gottesdienstbesuche, die ihm Geborgenheit vermittelt hatten, durch den Zugang zu einem für unsterblich gehaltenen göttlichen Objekt, sind nicht mehr möglich. Ihn überfallen Ängste und Unruhezustände, abends kann er nicht einschlafen, weshalb er in Behandlung gekommen war.

Vor diesem Hintergrund verstand ich seinen Nachbarn im Traum als sein Alter Ego und seine Beunruhigung wegen des umgebauten Hauses auch als Angst vor den Umbaumaßnahmen, die die analytische Behandlung bewir-ken könnte. Er würde sich mit den Begrenzungen seines Hauses und mit seiner Sterblichkeit auseinandersetzen müssen.

In der Übertragung wurde die Todesangst und die Frage, wer von uns beiden überlebt, älterer Patient oder jüngerer Analytiker, inszeniert. Ich fühlte mich durch seine medizinorientierten Monologe in meiner analy-tischen Funktion immer wieder kaltgestellt, eine sehr subtile Art des Tö-tens. Unbewusst holte ich zum Gegenschlag aus, der ihm den Atem rau-ben sollte. Als er wieder einmal medizinische Sachverhalte dozierte, gab ich mich wissend und wies darauf hin, selbst am Herzen operiert zu haben. Damit übertrieb ich, schließlich hatte ich seinerzeit nur Haken gehalten. Meine vordergründige Absicht war, ihn mit meiner vermeintlichen, eigent-lich aber nur vorgetäuschten Fachkenntnis beruhigen zu wollen. Meine Re-

aktion beruhte, wie mir später klar wurde, auf ohnmächtigem Ärger. Ich hatte mich dabei eines Modus bedient, den der Patient selbst Jahrzehnte erfolgreich als maniformen Abwehrmechanismus verwendet hatte. Auch er hatte sich und anderen, z. B. schon als kindlicher Ersatzgatte seiner Mutter in vielerlei Hinsicht vorgemacht, potenter zu sein, als er wirklich war. Nach der Stunde fürchtete ich, dass der Patient nicht wiederkäme. Ich könnte mit meinem Agieren unsere Beziehung zerstört haben. Zum Glück war sie soweit gefestigt, dass sie es auch trotz meiner Übertreibung, die der Patient sicher spürte, überlebte.

In der auslösenden Situation seiner Symptomatik war der Patient mit der an sich schlichten Tatsache konfrontiert worden, auf Sauerstoff angewiesen zu sein, um leben zu können. Die Tatsache, selbst von der – symbolisch ausgedrückt – Mutterbrust abhängig zu sein, sie aber plötzlich verlieren zu können und damit die eigene Begrenztheit, letztlich die Sterblichkeit erkennen zu müssen, war ihm unerträglich. Es ging um einen Konflikt zwischen dem Realitätsprinzip und dem Lustprinzip, zwischen den »facts of life« und deren narzisstischer Verleugnung. Es ist typischerweise der Körper, der Organisator der Psyche im hohen Alter (Heuft et al. 2000), der letzte Begleiter, wie Radebold ihn genannt hat, der die Botschaft, abhängig zu sein, überbringt. Gegen ihn richten sich suizidale Phantasien, die aus der Ohnmacht befreien sollen. Der Suizident behält das Heft des Handelns bis zum letzten Atemzug in der Hand, um dann allerdings überhaupt nichts mehr entscheiden zu können.

Facts of life im Altersprozess

Das Konzept der *facts of life* und ihrer Anerkennung geht auf Money-Kyrle (1971) zurück. Wir werden, so sein Verständnis, mit phylogenetisch angelegten psychischen Vorahnungen der Realität, sogenannten Präkonzepten geboren. Sie werden in Realisierungen zu Konzepten und als solche im Unbewussten repräsentiert. Triebwünsche, die objektsuchend realisiert werden sollen, verzerren die Realität und können als Misskonzepte repräsentiert werden. »*Alle erdenklichen Repräsentanzen scheinen im Unbewussten zu wuchern, außer den richtigen,*« schreibt Money-Kyrle; und weiter: »Unter den ersten Erkenntnissen habe ich drei ausgewählt, ohne dass ich sicher bin, alle ausgesucht zu haben, die bedeutungsvoll sind.« Es geht um: die Anerkennung der Brust als gutes und unverzichtbares Objekt, die Anerkennung des elterlichen Geschlechtsverkehrs als kreativen Akt und die Anerkennung der Unvermeidbarkeit von Zeit – und letztlich des Todes.

Mit diesen »facts of life« konfrontiert der Prozess des Alterns. Die Anerkennung der guten Brust erfordert, demütig zur Kenntnis nehmen zu müssen, dass es nur möglich ist, in Abhängigkeit von äußeren Objekten zu existieren. Die allerletzte Abhängigkeit menschlicher Existenz ist die vom Tode, der in der Kunst oft als personales Objekt dargestellt wird, vor dem es kein Entrinnen gibt. Das größte Hindernis, die Brust als gutes Objekt anzuerkennen, von dessen Existenz das eigene Leben abhängt, ist die Tatsache, dass sie nicht für immer genossen werden kann und Versagungen und Ent-täuschungen zufügt. Jessica Benjamin hat diesen Entwicklungsschritt in der frühen Kindheit spezifiziert. Es geht nicht nur um die Anerkennung der Tatsache, dass die Mutter nicht immer und sofort alle Wünsche befriedigen kann. Noch bitterer ist die Erkenntnis, dass sie es auch gar nicht immer will, dass sie eine eigene über sich verfügende getrennte Andere ist. Die äußere Realität im Alter erfordert die Anerkennung von Abhängigkeit, von Trennung, von Ausgeschlossensein, von Generationsgrenzen, von Verlust und Tod. Sie gebietet Größenphantasien Einhalt. Ihre Anerkennung erfordert Trauerarbeit, die nie abgeschlossen ist. Wir oszillieren bei der Anerkennung eigener Altersprozesse wohl lebenslang zwischen Akzeptanz und Verleugnung.

Eine 65-jährige Patientin beschrieb die Schwierigkeiten, die kontinuierlich zunehmen, wenn sie ihre über-90-jährigen Eltern besucht. Gleichgültig, wie lange sie bei ihnen war, klammern die Alten beim Abschied und drängen sie unter irgendwelchen Vorwänden, doch noch länger zu bleiben. Die Patientin konnte dieses Verhalten mithilfe ihrer eigenen Trennungsangst vor Analysepausen als die Angst ihrer Eltern verstehen, deren Lebenszeit begrenzt ist, und die immer wieder die konkrete Anwesenheit der Tochter einfordern.

Hier wird die Tochter zur Mutterbrust, wie in einer römischen Legende, in der eine alte Frau zum Tode verurteilt wird. Da die Schergen es nicht übers Herz bringen, die alte Frau zu töten, wollen sie sie verhungern lassen. Die Frau stirbt aber nicht, weil, wie sich herausstellt, ihre Tochter, die sie besucht, sie an die Brust nimmt! Diese Legende stellt dar, was wir heute den Generationenvertrag nennen, durch den der Milchfluss umgekehrt wird. Die Alten werden von der Versorgung durch die Jungen abhängig, die ihrerseits darüber verfügen können, wie viel sie abzugeben bereit sind.

Der Verlust der Mutterbrust beziehungsweise ihrer Surrogate löst Angst vor endgültiger Trennung vom Leben aus. Max Stern sprach vom Biotrauma, das in den Tod mündet. Er meint damit die unvermeidbare Erfahrung der Abwesendheit der Mutter, von deren Existenz der Säugling abhängt (1972, 922). Ihre dauernde Abwesenheit würde real seinen Tod, psychisch die Vernichtung seines Selbst, bedeuten. Die spätere Angst des reiferen Selbst vor dem Tod ist letztlich die vor einem totalen Objektverlust, so wie dem Säugling die Abwesenheit der Mutter erschienen sein mag. Andererseits würde natürlich ihre dauernde Anwesenheit und Verfügbarkeit jede Entwicklung verhindern.

Das Sterben und sein Ergebnis, der Tod, das 3. *Fact of life*, steht also in engem Zusammenhang mit dem ursprünglichen Objektverlust, dem 1. *Fact of life*. Der Tod ist wohl wegen dieses Zusammenhanges auch so eng mit der Sehnsucht nach Wiedervereinigung liiert. Wenn es, wie beim Tod, um den zentralen Verlust aller Objekte geht, muss auch die Phantasie seiner Überwindung eine so grandiose sein, wie sie in Bildern des Paradieses, aber auch der Hölle zum Ausdruck kommen.

Je sicherer das gute Objekt verinnerlicht wurde – vielleicht müsste man genauer von der notwendigen Illusion eines guten Objektes sprechen – desto eher kann die Abhängigkeit von ihm auch anerkannt werden und umso leichter wird es möglich, das zweite Präkonzept weniger verzerrt zu realisieren und als *fact of life* anzuerkennen. Der Verkehr der Eltern kann mit ausreichend guten inneren Objekten als kreativer Akt anerkannt werden, an dem das Kind nicht teilhat. Die Tatsache, dass zwei Menschen etwas miteinander machen, und man selbst ausgeschlossen ist, ohne Einflussmöglichkeit, begegnet alten Menschen immer wieder. Alternde Eltern wiederholen diese Kindheitserfahrung in paradox anmutender Weise mit ihren heranwachsenden bzw. erwachsenen Kindern.

Das Ödipus-Drama beginnt mit der Weissagung, Laios werde eines Tages von seinem Sohn erschlagen, im übertragenen Sinne heißt dies: die nachfolgende Generation, die eigenen Kinder würden eines Tages die Welt gestalten und ihn ausschließen. Das will Laios aber nicht anerkennen. Weil er seinen Sohn daran hindern will, setzt er das Drama in Gang.

Hinz (2000) hat darauf hingewiesen, dass die ödipale Situation die *facts of life* beinhalte. Die Tatsache, wirklich auf jemanden angewiesen zu sein, zum Beispiel darauf, von ihm ernährt zu werden und ohne ihn nicht leben zu können, gehört zu Ödipus, wenn sie an das ausgesetzte Kind denken. Sie zeigt sich auch beim alten Ödipus, der sich an seine Tochter Antigone klammert. Die zweite Lebenstatsache benennt das Ausgeschlossensein in einer Dreierkonstellation, was wir ja gemeinhin als ödipale Situation bezeichnen. Als Asylant dann ringt der verbannte Ödipus verzweifelt um die Anerkennung seiner eigenen Endlichkeit (vgl. Luft in diesem Heft).

Alle *facts of life* fordern als große Kränkungen das Selbstwertgefühl heraus. Freud nannte die Tatsache der eigenen Sterblichkeit eine »*schwere Kränkung des natürlichen Narzissmus*«. Er sprach von »*dem schmerzlichen Rätsel des Todes, gegen den bisher kein Kräutlein gefunden wurde und wahrscheinlich keines gefunden werden wird. Mit diesen Gewalten steht die Natur wider uns auf, großartig, grausam, unerbittlich rückt uns wieder unsere Schwäche und Hilflosigkeit vor Augen, der wir uns durch die Kulturarbeit zu entziehen gedachten. Ein ständiger ängstlicher Erwartungszustand und eine schwere Kränkung des natürlichen Narzissmus sollten die Folge dieses Zustandes sein. ... Denn diese Situation ist nichts Neues. Sie hat ein infantiles Vorbild, ist eigentlich nur die Fortsetzung des früheren, denn in solcher Hilflosigkeit hatte man sich schon einmal befunden, als kleines Kind einem Elternpaar gegenüber, das man Grund hatte zu fürchten*« (Freud 1927, 337f.).

Die gegen die Anerkennung dieser Situation entwickelte Abwehr ist geprägt von Fantasien und von der Suche nach einer Erlebnisqualität, mit der Gefühle der Hilflosigkeit und Verzweiflung, angesichts der Lebenstatsachen, aufgehoben werden. Wir kennen solche ozeanisch-grandiosen Fantasien aus zahlreichen Jenseitsvorstellungen, in denen das Paradies als Ort ewiger Ruhe beschrieben wird.

Entwicklungsprozesse im höheren Alter

Der Ort der ewigen Ruhe eliminiert die Zeit und damit das Altern. Zeitbewusstsein hingegen zwingt dazu, narzisstisches Ewigkeitsdenken zu relativieren. Das Wissen um die Zeit wird immer wieder verdrängt, gelangt im Alter aber zunehmend zurück ins Bewusstsein. Alter konfrontiert damit, dass die Verschiebung in die Zukunft in immer begrenzterem Maße realistisch ist. Die Phantasie eines ungetrennten unsterblichen, immer kontrollierbaren und damit idealen Objektes als Äquivalent der guten Brust muss immer öfter infrage gestellt werden. Die Realität des Alters zwinge dazu, so Roy Schafer (1968), die Phantasien von unsterblichen Objekten aufzugeben und die Jagd nach einem idealen Objekt einzustellen. Manische, phallisch-narzisstische

Abwehrmechanismen würden im reiferen Erwachsenenalter an Kraft verlieren und deshalb bei gelingendem Altern durch zunehmende Anerkennung ersetzt werden. Der Tod erlaubt keine Wiedergutmachung und keine Reparation, sondern lediglich ein Leben im Hier und Jetzt. Er fordert die Anerkennung der »*Unsterblichkeit des Todes*«. Dieses Entwicklungsziel nennt Elliot Jacques (1965) »*konstruktive Resignation*«. Zu ihr gehört die Annahme des Imperfekten und der Begrenztheit des eigenen Werkes.

Der Versuch, die Zeit anzuhalten, wie in der Depression, in der es keine Zukunft, keinen Zugang zur Vergangenheit, sondern nur ewige Gegenwart gibt, kann als narzisstisches Phänomen verstanden werden. Weniger pathologisch erscheint uns vielleicht das Schmücken mit jugendlichen Attributen, die Fitnessbewegung oder besonders drastisch, und wohl doch schon wieder ein bisschen pathologisch, das Anti-Aging. Sie können als narzisstischer Versuch interpretiert werden, die Spuren, die der Lauf der Zeit hinterlässt, zu verwischen. Kürzlich wurde gemeldet, dass es gelungen sei, Hautzellen zu pluripotenten Stammzellen zurückzuentwickeln. Dieser Vorgang an Mäusezellen wurde in der Zeitung als Aufhalten des Altersprozesses, als *Verjüngung* gefeiert, eine zeitgemäße naturwissenschaftliche Ausdrucksweise unserer Sehnsucht nach einem Jungbrunnen.

Erikson (1980) hat beschrieben, dass die letzte Lebensphase von dem Widerspruch geprägt ist, einerseits über den Zerfall von Körper und Persönlichkeit zu verzweifeln und andererseits dem stetigen Bemühen, ihre Integrität zu erhalten. *Weisheit* nennt er das Entwicklungsergebnis dieses Spannungsfeldes. Sie wird aber nicht als einmal erreichte und dann fixierte Qualität beschrieben, sondern als zeitweise auftauchend und wieder verschwindend. Erikson füllt mit altersspezifischem Inhalt, was andere Autoren als Oszillieren zwischen einer *paranoid-schizoiden* und einer *depressiven Position* beschreiben.

Margarete Mitscherlich äußerte in einem im Deutschen Ärzteblatt anlässlich ihres 90. Geburtstages erschienenen Interview: »Dieses Ende des Lebens beginnt, immer lauter an Herz und Kopf zu pochen. ... mit dem Verstand weiß ich, dass es keinen lieben Gott gibt, aber ich spreche oft mit ihm, das habe ich seit der Kindheit getan. Das tut mir gut, und das erlaube ich mir« (Deutsches Ärzteblatt 2007, 2106). Ihre Aussage enthält die Anerkennung eigener Sterblichkeit ebenso wie den Wunsch, doch Zugang zu einem unsterblichen Objekt zu haben.

Das Nachdenken und Phantasieren über den Tod, wie wir es auch hier anstellen, dienen selbst der Abwehr seiner Anerkenntnis. Gedanken und

Fantasien werden erfunden und konstruiert, um das Unaussprechliche und Unbekannte des Todes zu verschleiern. Wir brauchen diese Vorstellungen, auch wenn sie beunruhigen, weil sie selbst zu Objekten werden, die uns wiederum ermöglichen, uns resistent zu fühlen gegen den Verlust des eigenen Körpers, des eigenen Selbst, des Denkens und aller Objekte.

Individuelle und gesellschaftliche Wechselwirkungen

Die gesellschaftliche Entwicklung der letzten Jahrzehnte in der westlichen Welt wird von Soziologen mit dem Begriff der Individualisierung gekennzeichnet. Wir haben uns von vielen gesellschaftlichen Zwängen und Normen erfolgreich befreit, wir haben Hierarchien und Traditionen hinter uns gelassen. Das Alter bringt für viele neue Freiheiten, zumindest im 3. Lebensalter zwischen dem Ausscheiden aus dem Berufsleben und dem 80.–85. Lebensjahr, wenn der Körper beginnt, die Freiheiten zu begrenzen und wieder zu rauben.

Antonie Giddens (1997) spricht vom *Disembedding* des Individuums, das im Alter besonders deutlich wird. Für Generationen geltende Lebensmodelle verlieren in der Neuzeit ihre Gemeingültigkeit, ohne neue abgesicherte Einbettung. Ein psycho-sozial gesehen erfolgreiches Altern hängt mehr und mehr von der Fähigkeit ab, individuelle Anpassungsleistungen zu erbringen, angesichts einer rasanten Entwicklung der elektronischen Kommunikation und in Zeiten von Viagra. Die Betonung liegt auf der *individuellen* Anpassungsleistung, die eine postmoderne Gesellschaft fordert, während in früheren Zeiten kollektive Anpassungsleistungen erforderlich waren. Die Entwicklung einer immer reifer werdenden Identität, die schließlich zum in sich ruhenden Menschen führt, wird immer schwieriger, wahrscheinlich gehört diese Vorstellung in das Reich der Mythen.

Wir bejubeln von der frühen Kindheit an jeden Schritt in die Unabhängigkeit, ja setzen diese Schritte mit Entwicklung gleich. Die Überwindung von Abhängigkeit und die Entwicklung von Selbstständigkeit gelten als allgemeingültige Entwicklungsziele, auch in der psychoanalytischen Entwicklungspsychologie. Im hohen Lebensalter genießt die Richtlinie *Erhaltung größtmöglicher Selbständigkeit* den denkbar größten gesellschaftlichen Konsens. Autonomie gilt als höchster Wert in der westlichen Zivilisation. Bei genauerer Betrachtung wird die Abhängigkeit von der Umwelt aber immer nur ein wenig mehr entpersonalisiert. In illusionärer Verkennung wird bis ins hohe Alter so getan, als sei ein Dasein als autonomes Individuum erstrebenswert. Der erste *fact of life*, die Objektabhängigkeit menschlicher Existenz, wird verleugnet.

Das Konstrukt des autonomen Individuums negiert seine Abhängigkeit, seine soziale Gebundenheit und das Unbewusste. Die Tatsache, dass wir überhaupt nicht *Herr im eigenen Hause* sind, weder in seinen biologischen Mauern und auch nicht im Keller unseres Unbewussten, wird geleugnet. Das Nichtanerkennen von Begrenztheit verschleiert das Beherrschtsein – intrapsychisch durch das Unbewusste, gesellschaftlich vor allem durch die Gesetze des Marktes. Es entsteht ein immer tieferer Graben zwischen intrapsychischer Verfassung, die geprägt wird von Triebbedürfnissen und ihrer Realisierung in Objektbeziehungen, und damit eben auch der Abhängigkeit von Objekten und reklamierter scheinbar rational gesteuerter Unabhängigkeit. Die fundamentale Dimension menschlichen Daseins, das Angewiesensein auf andere und die Endlichkeit, werden verleugnet. Das menschliche Beziehungs- und Bindungsbedürfnis, und auch die intergenerative Gebundenheit werden nicht zur Kenntnis genommen.

Sloterdijk hat in einem Festvortrag beim Gerontologentag vor einigen Jahren beschrieben, dass die Individualisierungsprozesse in ihrer Konsequenz eine Entbindung der Generationen bewirken. Generative Gebundenheit ist ein wesentliches Kennzeichen menschlicher Zivilisation. Kinder definieren sich durch ihre Eltern, fühlen sich ihnen verbunden und verpflichtet. Die überwiegende Zahl pflegebedürftiger Menschen wird in Familien gepflegt. Mit zunehmend eingeforderter Entpflichtung kommen wir aber immer mehr zu einer Entsolidarisierung, dazu, dass ein jeder und jede Generation für sich selbst sorgen muss. »*Mutter, ein Leben lang hast du für uns gesorgt, jetzt da du alt und krank bist, kannst du endlich für dich selbst sorgen.*«

In unserer Kultur dürfen wir heute ein langes Leben erwarten. Der kategorische Imperativ lautet heute »*go longlife*«, so der Titel eines neuen deutschsprachigen Magazins »*für ein glückliches langes Leben*«. Seit aber mit immer neuen technischen Möglichkeiten auch in den Sterbeprozess eingegriffen wird, steigt die Angst vor Abhängigkeit, die immer bedrohlicher zu werden scheint. Individuen sehen sich zur Gestaltung und Selbstinszenierung, einschließlich der Gestaltung des eigenen Todes, gezwungen und erleben dies als Befreiung. Fragen nach der Verbindlichkeit von Patientenverfügungen, nach der Art und Weise des Sterbens, nach Sterbebegleitung, nach Therapien am Lebensende, nach Beihilfe zur Selbsttötung und nach Tötung auf Verlangen werden intensiv diskutiert.

Als Richtschnur für solche Entscheidungen hat es einen Paradigmenwechsel vom wohlwollenden Paternalismus hin zur Patientenautonomie gegeben. Menschenwürde wird mit Autonomie gleichgesetzt. Es wird verleugnet, dass jede scheinbar autonome Entscheidung immer mehr von Informationen durch andere abhängt. Paternalismus mit der Übernahme von Entscheidung und Verantwortung zum Wohle des Patienten gilt als obsolet. In der Realität aber werden Entscheidungen nach meinem Eindruck auch auf Wunsch von Patienten, noch viel häufiger paternalistisch getroffen, als dies in offiziellen Leitlinien beschrieben wird. Gerade in schwierigen Lebenssituationen werden regressive Bedürfnisse wach und auch erfüllt. Menschen sind in der Not und bei schwierigen Entscheidungen auf die Hilfe anderer angewiesen und von ihnen abhängig. Diese Aspekte menschlichen Daseins passen nur immer weniger in das offizielle Menschenbild. Das abhängige hilflose und angewiesene Individuum wird zum Skandal und mit der Maske narzisstischer Autonomie getarnt. An der Oberfläche ist kaum mehr wahrnehmbar, dass sich unter dieser Maske der Wunsch verbirgt, von anderen geachtet zu werden. Können die *facts of life* annähernd anerkannt werden, wird klar, dass Autonomie zwar einerseits zu erkämpfen ist, andererseits aber letztlich doch immer nur von anderen, mit denen wir in sozialen Kontexten leben, gewährt werden kann.

Literatur

De M'Uzan M (1998) Der Tod gesteht nie. Psyche 52: 1049–1066.
Deutsches Ärzteblatt (2007) 104, Heft 30 vom 27.07.2007, Seite A–2106 / B–1859 / C–1795.
Erikson EH (1980) On the Generational Cycle an Address. Int J Psycho-Anal 61: 213–223.
Freud S (1915) Zeitgemäßes über Krieg und Tod. GW X, 324–355.
Freud S (1927) Zukunft einer Illusion. GW XIV, 324–380.
Heuft G, Kruse A, Radebold H (2000) Lehrbuch der Gerontopsychosomatik und Alterspsychotherapie. München (Ernst Reinhardt).
Giddens A (1997) Jenseits von links und rechts. Frankfurt (Suhrkamp).
Hinz H (2000) Tatsachen des Lebens und psychoanalytischer Prozess. Zur klinischen Leichtgewichtigkeit des Diskurs-Diskurses. In: Ostendorf U, Peters H (Hg) (2000) Lebenstatsachen und psychoanalytischer Prozess. Frankfurt (Geber und Reusch) 49–73.
Jaques E (1965) Death and the Mid-Life Crisis. Int J Psycho-Anal 46: 502–514
Matte-Blanco I (1988) Thinking, Feeling, and Being: Clinical Reflections on the Fundamental Antinomy of Human Beings and World. New Library of Psychoanalysis 5:1–336.
Money-Kyrle R (1971) The Aim of Psychoanalysis. Int J Psycho-Anal 52: 103–106.

Nationaler Ethikrat (2006) Stellungnahme zu Selbstbestimmung und Fürsorge am Lebens-
ende. Berlin.
Schafer R (1968) Aspects of Internalization. New York (International Universities Press).
Stern MM (1972) Trauma, Todesangst und Furcht vor dem Tod. Psyche 26: 901–928.

Korrespondenzadresse:
Prof. Dr. Martin Teising
Fachhochschule Frankfurt, Fachbereich 4
Nibelungenplatz 1
60318 Frankfurt
E-Mail: *teising@fb4.fh-frankfurt.de*

Von der Schwierigkeit eines Christenmenschen beim Sterben – Therapie, Grenzüberschreitung oder Hilfe?

Bertram von der Stein (Köln)

Zusammenfassung

Im Sterbeprozess von Patienten mit präödipalen Fixierungen treten entsprechend verfolgende, vernichtende und verurteilende Vorstellungen aus dem konventionellen Christentum auf. Anhand eines Fallbeispiels zeigt sich, dass sich ein Analytiker zur Entgiftung dieser quälenden Vorstellungen als Hilfs-Ich anbieten kann, ohne grenzüberschreitend zu werden. Eine Akzentverschiebung zu integrierteren christlichen Inhalten kann helfen, den Sterbeprozess zu erleichtern.

Stichworte: Hilfs-Ich, Sterbeprozess, konventionelles Christentum, reife Religiosität

Abstract: The difficulty of a dying Christian – Therapy, crossing the line, or help?

Haunting, devastating, and condemning associations of conventional Christianity appear when patients with pre-oedipal fixations go through the processes associated with dying. A case study will show that an analyst can be consulted as an auxiliary-Ego in order to decontaminate these torturing associations without crossing the line. The process of dying can be facilitated by moving the focus to integrated Christian contents.

Key words: auxiliary-Ego, process of dying, conventional Christianity, mature religiousness

Einleitung

Die Ohnmacht vor dem Tode macht sprachlos insbesondere dann, wenn der Tod nicht mehr verleugnet werden kann wie bei Patienten mit infauster Prognose. Nach einer Phase der Negation des Todes suchen manche Patienten einen Gesprächspartner, da sie sich manchmal zum ersten Mal in ihrem Leben existenzielle Fragen stellen. Hierbei spielen oft Themen aus dem Grenzgebiet von Psychotherapie und Theologie eine Rolle, für die weder Psychotherapeut noch Theologe sich zuständig fühlen, was dazu führen kann, dass Angehörige beider Berufsgruppen sich dazu verleiten lassen, sich in der konkreten Situation dem Patienten zu entziehen. Die Angst vor dem eigenen Tod spielt bei einem solchen Rückzug sicher ebenso eine Rolle wie die Angst, unprofessionell und grenzüberschreitend zu agieren.

Gleichwohl trifft man in der ambulanten Psychotherapie, in der stationären Geriatrie, in Pflegediensten und Hospizen häufig auf Menschen in solchen konkreten Grenzsituationen, in denen die Hilfe eines Psychoanalytikers, eines beratenden Psychiaters oder Psychologen notwendig ist. Oft haben die Fragen, die dort auftreten, mit Ängsten und Schuldgefühlen der Sterbenden zu tun.

Konventionelles Christentum

Die konventionelle Katechismusfrömmigkeit des 19. Jahrhunderts hat bis weit ins 20. Jahrhundert hinein religiös-ethische Einstellungen vieler Christen geprägt. Besonders bei älteren Menschen begegnet man konventionellen Vorstellungen von Gott. Diese können, wie Albani et al. (2004) hinwiesen, durchaus positive Effekte auf das psychische Befinden haben; es gibt aber auch problematische Aspekte, von denen hier insbesondere vor dem Hintergrund eines längeren Sterbeprozesses die Rede sein wird. Hier soll nicht eine theologische Fachdiskussion entfacht werden, vielmehr geht es um Inhalte des konventionellen Christentums im Hinblick darauf, wie sie auf die seelische Befindlichkeit eines Sterbenden wirken. Konventionelles Christentum ist unter anderem durch das Auswendiglernen bestimmter Gebete gekennzeichnet, die das Schuldbekenntnis ausdrücken, beispielsweise:

Ich bekenne Gott dem Allmächtigen und allen Brüdern und Schwestern, dass ich Gutes unterlassen und Böses getan habe.

Ich habe gesündigt in Gedanken Worten und Werken durch meine Schuld, durch meine Schuld, durch meine große Schuld.

Deshalb bitte ich die selige Jungfrau Maria, alle Engel und Heiligen und Euch, Brüder und Schwestern, für mich zu beten bei Gott unserem Herrn.

Nach van de Pol (1967) ist Frömmigkeit im konventionellen Christentum durch einen Dualismus von Himmel und Erde bzw. Gottes Reich und Welt gekennzeichnet. Irdisches ist zu verachten, das Himmlische ist zu lieben. Es geht um Weltentsagung, Selbstverleugnung, Askese, Gebet, Meditation und mystische Erfahrungen. Konventionelle Moral bezieht sich auf wohlanständige Menschen, denen nichts nachzusagen ist, die bei Gott und den Menschen als untadelig bekannt sind: »*Herr, ich danke Dir, dass ich nicht bin wie die übrigen Menschen, die Räuber, die Diebe und die Ehebrecher (Matthäus 23,27).*

Eine solche Haltung ist gekennzeichnet durch Selbstverständlichkeit, Unanfechtbarkeit und Hartnäckigkeit, die Sicherheit und Geborgenheit geben kann, aber auch durch Vorurteile und heftigen Reaktionen gegen Apostaten (Abtrünnige). Freuds Aufsatz »*Zwangshandlungen und Religionsausübung*« (1907) bezieht sich auf Aspekte dieser Form von Religiosität.

Kasuistik

Herr W., ein 73-jähriger Schreinermeister, kam nach einem Suizidversuch mit Tabletten in die internistische Abteilung eines Krankenhauses. Er hatte versucht, sich umzubringen, als ihm die Ärzte eröffnet hatten, an einem fortgeschrittenen Leberzellkarzinom zu leiden, an dem er bald versterben werde. Der Patient wohnte nach dem Tod der Ehefrau, die er nach einem Schlaganfall drei Jahre bis zu ihrem Tode gepflegt hatte, in einer Kleinstadt alleine im eigenen Haus mit Werkstatt. Seine zwei Kinder und seine vier Enkelkinder lebten mit ihren Familien in benachbarten Großstädten und besuchten ihn am Wochenende. Seinen vom Vater ererbten Betrieb hatten sie nicht übernommen, da sie als Beamte und Lehrer eigene Wege gegangen waren. Das Herkunftsmilieu des Patienten war »gut katholisch«, die Eltern waren nicht besonders religiös; man habe regelmäßig den Sonntagsgottesdienst besucht, was er noch heute tue. Seine Mutter, die von ihm als etwas oberflächlich, aber liebevoll beschrieben wird, hätte mit ihm die üblichen Grundgebete, d.h. das apostolische Glaubensbekenntnis, das Vaterunser und das Ave-Maria-Gebet auswendig gelernt. Der Religionsunterricht in der Schule habe im Auswendiglernen des Katechismus bestanden. Seine beiden Brüder, die ebenfalls handwerklichen Berufen nachgingen, werden von ihm als fleißig, aber ohne besondere Konturen beschrieben, es bestehe zu ihnen ein lockerer Kontakt.

Beide Brüder hatte er nach Übernahme des väterlichen Betriebes ausbezahlt. Mit 28 Jahren habe er seine Frau geheiratet, die Tochter eines Schreiners aus dem Nachbarort. Die Ehe, aus der zwei Söhne stammen, sei »einigermaßen gut« gewesen, die große Liebe war es nicht. Seine Eltern hatten zu der Heirat geraten, da es besser sei, eine Frau zu haben, die sich in der Schreinerei auskenne. Seine Frau habe seine künstlerischen Neigungen, die sie für unproduktiv hielt, unterbunden und ihn zum Bau von Massivholzmöbeln angehalten, womit er gut verdient habe. Unzufrieden sei er vor allem im sexuellen Bereich gewesen, seine Frau sei auf seine Wünsche nicht eingegangen.

Ich lernte Herrn W. im Rahmen einer konsiliarischen Untersuchung kennen. Trotz seiner Tumorerkrankung war er noch in einem leidlich guten Allgemeinzustand. Zunächst fand ich keinen rechten Zugang zu ihm, er erschien mir sehr unscheinbar, wie eine graue Maus, er reagierte wie ein Patient mit Alexithymie (Gefühlsblindheit), Redewendungen wie »das ist normal, so is dat eben« und andere Allgemeinfloskeln kennzeichneten seine Äußerungen. Plötzlich sagte er dann aber: »Wissen Sie, ich habe so eine Scheiß-Angst, was danach kommt, eigentlich nicht so sehr vor dem Sterben. Ich habe ja versucht, Schluss zu machen, so was ist doch eine Todsünde. Wird Gott mich annehmen?« Daraufhin antwortete ich etwas ausweichend, er solle sich an einen Seelsorger wenden und ertappte mich gleichzeitig dabei, den Patienten loswerden zu wollen. Ich fühlte bei mir erhebliche Widerstände gegen solche Themen. Der Pfarrer sei ganz vernünftig gewesen, er habe ihm geraten, sich psychotherapeutisch beraten zu lassen, er könne ihm nur die Absolution für seine Sünden erteilen und darauf hinweisen, dass Gott ein liebender und vergebender Gott sei. Wenn ihn weiterhin Skrupel überfielen, so sei dies Thema für den Psychiater. »Ich will nicht immer weggeschickt werden« bedeutete mir der Patient. Nach dieser Wende im Gespräch wurde Herr W. in seinen Äußerungen authentischer und ich überwand meine anfänglichen Widerstände. In einer knapp 50-stündigen tiefenpsychologischen Psychotherapie konnten Aspekte seiner Ängste und seiner Religiosität durchgearbeitet werden.

Für den Sterbeprozess wichtige religiöse Glaubenssätze

Heilige Texte und Gleichnisse können in verschiedener Weise ausgelegt und empfunden werden. Das apostolische Glaubensbekenntnis gehört zu den

Gebeten des Christentums, gerade ältere Menschen auswendig können. Dieser Text sowie die Kommentare des Katechismus der katholischen Kirche, mit dem sich der Patient zwanghaft beschäftigte, lassen zahlreiche Interpretationen zu, so auch paranoid-schizoid eingefärbte Auslegungen. Das konventionelle Christentum hat oft mehr eine Drohbotschaft als eine Frohbotschaft vermittelt, die nicht selten mit drastischen Erziehungsmethoden vergesellschaftet war, so auch bei Herrn W, der das Bild eines strengen Vatergottes verinnerlicht hatte. Nach Fuchs (2000) hat es einen negativen Effekt im Hinblick auf Ängste, Depressionen und psychosomatische Störungen, wenn Ältere an Gott als einen strafenden und strengen Vater glauben. Unsicherheit, Besorgnisse, stärkere Schuldgefühle, rigideres Denken, soziale Isolation und geringeres Selbstwertgefühl sind nach Koenig und Larson (2001) weitere Negativeffekte von Spiritualität.

Dies zeigte sich auch, als es Herrn W. um die Frage nach der Reaktion Gottes auf seinen Suizidversuch ging. Ein Suizid sei eine Todsünde, die von Gott mit der ewigen Verdammnis bestraft würde. Auf meine Intervention, wie sein Vater gewesen sei, berichtete er folgende Alltagsszene aus der Kindheit: Er sei von seiner Mutter zum Einkaufen geschickt worden und hätte sich vom Wechselgeld Süßigkeiten gekauft. Als die Mutter diesen Betrug aufdeckte, habe sie ihm gesagt, dass Gott alles sehe, auch seinen Betrug. Sie werde eine Strafe mit dem Vater absprechen. Als dieser aus der Werkstatt kam, habe er ihn mit einem Lederriemen auf das Gesäß so lange geschlagen, bis er blutete. Der Vater habe ihn auch gezwungen, beim Pfarrer diese schwere Verfehlung zu beichten.

Der erste Satz des apostolischen Glaubensbekenntnisses: »Ich glaube an Gott, den allmächtigen Vater, den Schöpfer des Himmels und der Erde« war für ihn verbunden mit seinem eigenen Vater. So habe er auch nicht gewagt, einen anderen Beruf als den des Schreiners zu lernen, da er die Schöpfung des Vaters, die Schreinerwerkstatt, habe achten müssen. Lieber wäre er, wie sein Sohn, Kunstlehrer geworden. Auch seine Partnerwahl habe der Vater bestimmt. Der Gedanke, dass sein Gottesbild eine Projektion der eigenen Erfahrungen mit dem Vater sei, drängte sich ihm nun auf. Vielleicht sei der allmächtige Gott doch milder als der Vater. Dennoch ließ ihm sein sadistisches Überich keine Ruhe, der Suizidversuch sei eine Todsünde. Der endgültige Tod bedeute Finsternis und Gemeinschaft mit dem Teufel. Auch hier kommt ein gelernter Satz des apostolischen Glaubensbekenntnisses ins

Spiel, nämlich: »Hinabgestiegen in das Reich des Todes« *oder in älterer Version:* »Abgestiegen zu der Hölle«, *der vom Patienten theologisch völlig missverstanden wurde. Er ging davon aus, dass dieser Satz sich auf Todsünder beziehe, die der ewigen Verdammnis anheimfallen. Trotz seiner Lektüre populärer religiöser Schriften war dem Patienten entgangen, dass Christus in die Hölle abgestiegen ist. Das hat er mit den Sterbenden gemeinsam, wie Ratzinger (1963) betonte, dass er* »… das Tor unserer letzten Einsamkeit durchschritten hat, dass er in seiner Passion eingetreten ist in den Abgrund unseres Verlassenseins. … Damit ist die Hölle überwunden oder genauer: der Tod, der vor dem die Hölle war.« *An diesem Beispiel zeigt sich, wie sehr der Patient in seinem Glauben konservative Theologen an Rigidität und Unerbittlichkeit übertraf. In der weiteren Therapie halfen auch Klärungen: Sowohl das Lexikon für Theologie und Kirche von 1937 als auch der Katechismus der Katholischen Kirche liefern Definitionen, die Spielräume für eine Läuterung und die Gnade Gottes offen halten. Für einen zwanghaften Patienten, der Paragrafen liest und auf konkretistische Auslegungen fixiert ist, kann dies ein Strohhalm der Hoffnung sein.*

§ 1874 des katholischen Katechismus: Wer sich absichtlich, d.h. mit Wissen und Willen zu etwas entscheidet, das dem göttlichen Gesetz und dem letzten Ziel des Menschen schwer widerspricht, begeht eine Todsünde … Falls sie nicht bereut wird, zieht sie den ewigen Tod nach sich.

Eine Todsünde hat eine schwerwiegende Materie zum Inhalt: Mord, Ehebruch, Diebstahl. Sie erfordert, dass sie mit vollem Bewusstsein und bedachter Zustimmung begangen wird.

Jetzt konnte der Patient bei eigener Lektüre des Neuen Testament folgende für ihn entlastende Stelle aus dem Römerbrief entdecken: (Römer 5, 20–21) »Um aber ihr Werk zu tun, muss die Gnade die Sünde aufdecken, um unser Herz zu bekehren und uns durch Gerechtigkeit zum ewigen Leben durch Jesus Christus zu führen. Wie ein Arzt die Wunde untersucht, bevor er sie verbindet, so wirft Gott durch sein Wort und seinen Geist ein helles Licht auf die Sünde.« *Es wurde nun deutlich, dass er sich in einem religiösen Paradigmenwechsel befand. Das wurde umso klarer, als er viel Zeit darauf verwandte, Stellen im Neuen Testament zu suchen, die einen entlastenden Charakter haben, wie das Gleichnis vom verlorenen Sohn, die Geschichte von Zachäus dem Zöllner, die Schächer am Kreuz und die Ansichten Jesu über die Überschreitung der Sabbatheiligung (Markus 2, 23–27).*

Gleichzeitig arbeitete er einige Lebensereignisse durch, die aus sei-

ner Sicht mit schwerer Schuld behaftet waren: So z. B. einen von ihm als schwerer Ehebruch empfundenen Bordellbesuch während einer Fahrt mit seinem Kegelklub. Entlastend war für ihn zwar, dass er aus Gehemmtheit zu keiner Erektion fähig gewesen war und mit der Prostituierten nicht verkehren konnte, was andererseits sein Selbstwertgefühl unterminiert hatte. Der Patient begann mit sich allmählich milder umzugehen und konnte gleichzeitig seine Realschuld eingestehen. So schilderte er, dass er manchem Kunden zu viel berechnet und bei der Auszahlung seiner Brüder den Wert der väterlichen Immobilie zu gering veranschlagt habe. Positiv kann er auch dazu stehen, was ihm im Leben gelungen war, dass er zu seinen Kindern eine gute Beziehung hat und dass er ihnen eine eigene Entwicklung ermöglichen konnte. Zwar ging Herr W. immer noch zwanghaft bilanzierend mit seinem Leben um und nahm als Messlatte den Katechismus. Er gelangte zur der Erkenntnis, dass auf ihn vermutlich nicht die Hölle warte, die nach dem Katechismus folgendes bedeutet:

§1056 Dem Beispiel Christi folgend macht die Kirche die Gläubigen auf die traurige beklagenswerte Wirklichkeit des ewigen Todes aufmerksam, die man Hölle nennt.

§1057 Die schlimmste Qual der Hölle besteht im ewigen Getrenntsein von Gott. Einzig in Gott kann ja der Mensch das Leben und das Glück finden.

Er konnte sich nun dazu durchringen, eher ein Kandidat für das Purgatorium (Fegefeuer) zu sein, von dem es heißt:

§1030: Wer in der Gnade und Freundschaft Gottes stirbt, aber noch nicht vollkommen geläutert ist, ist zwar seines ewigen Heiles sicher, macht aber nach dem Tod eine Läuterung durch, um die Heiligkeit zu erlangen, die notwendig ist, in die Freude des Himmels eingehen zu können.

Somit konnte er auch dem Satz des Glaubensbekenntnisses mit weniger Angst begegnen: »Von dort wird er kommen zu richten die Lebendigen und die Toten.«

Auf eine Intervention meinerseits, dass er sich sehr genau nach Paragrafen beurteile, konnte er mit verhaltenem Humor reagieren und sagen: »Vielleicht ist der liebe Gott kein Paragraphenreiter oder Schrebergärtner, vielleicht ist er so, wie Jesus in Markus 3,1 beschrieben wird, als er bei der Heilung das Sabbatgebot überschreitet; vielleicht neige ich zu dem Missverständnis, Menschen nach ihren Werken zu beurteilen und die Gnade zu vergessen; als Kind habe ich wenig davon gespürt.« Er lobte zwar die Zu-

verlässigkeit seiner Eltern, bemerkte aber auch kritisch, dass er deshalb oft die Führsprache der Gottesmutter in Kevelaer erfleht habe, da seine eigene Mutter eine recht unerbittliche Erfüllungsgehilfin des Vaters und anderer Autoritäten gewesen sei.

Der Patient hatte sich im Laufe der Therapie stabilisiert. Da es ihm körperlich relativ gut ging, konnte er wieder seinem Hobby, dem künstlerischen Schnitzen, nachgehen. Er machte auch Urlaub in Süddeutschland und verband diesen mit Besuchen von Wallfahrtsorten. Die Abstände der Therapie wurden auf 14 Tage, später drei Wochen verlängert. Er lebte so insgesamt noch zwei Jahre, bis er mit einem sich anbahnenden Leberkoma ins Krankenhaus eingewiesen wurde. Dort sah ich ihn dann das letzte Mal. Die ihn betreuende Seelsorgeschwester betonte, dass er undramatisch verstarb, nachdem er die Sterbesakramente empfangen hatte. Er habe Kraft schöpfen können aus den Gebeten, die er seit seiner Kindheit auswendig konnte.

Diskussion

Viele Therapeuten haben Hemmungen, religiöse Themen anzusprechen. Gleichzeitig besteht auf Seiten der Patienten die Vorannahme, dass Analytiker religiöse Inhalte als pathologisch und infantil bewerten. Freuds Äußerungen zu religiösen Themen unter Einfluss eines positivistischen Wissenschaftsverständnisses haben derartige Reflexe ebenso verstärkt wie eine psychoanalysefeindliche Polemik in fundamentalistischen religiösen Kreisen. Mittlerweile wird die Vereinbarkeit von religiösen Überzeugungen mit einer psychoanalytischen Identität von vielen Autoren (Zilboorg 1958, Rizuto 1979, Chasseguet-Smirgel 1984, Kernberg 2000) betont.

Die Vermeidung religiöser Themen kann dazu führen, dass ihr Einfluss unterschätzt wird. Sie führen dann ein unintegriertes Eigenleben, und es wird oft übersehen, dass sie Patienten quälen können. So kann bei einer Dominanz aggressiver Erfahrungen, Traumatisierungen und sadistisch verfolgender elterlicher Forderungen ein sadistisches Überich entstehen. Entsprechende religiöse Gesetze und Gleichnisse wurden in der Erziehung in einem solchen Sinne interpretiert und instrumentalisiert.

Bei manchen Patienten besteht eine Mischung von unverarbeiteten Traumata und Resten einer Erziehung, bei der Religion als Herrschaftsinstrument in einer narzisstisch-analen Haustyrannei eingesetzt wurde. Bitterkeit, Grimm,

Groll und Hader sind bei manchen Menschen im Alter anzutreffen, sie haben mit einem in der frühen Kindheit erlebten Unrecht zu tun; diese Emotionen haben eine archaische Natur und rufen nach Vergeltung und Rache. Religiöse Motive, wie das Jüngste Gericht und das Fegefeuer sind davon eingefärbt; Versöhnung, auch eine Botschaft religiöser Motive, ist dann keine Kategorie des Erlebens – die Botschaft vom verlorenen Sohn fällt auf unfruchtbaren Boden. Manche Patienten versuchen, ihre verloren gegangene Grandiosität durch anal eingefärbte Gerechtigkeitsvorstellungen, die nicht selten religiös verbrämt sind, wiederherzustellen. Dies hat den Nebeneffekt, dass sie am eigenen Ich-Ideal dann selbst scheitern. Gerade in der Religiosität dieser Menschen wird deutlich, dass ihr Überich auf präödipalem Niveau verblieben ist und sie die paranoid-schizoide Position (frühkindliche Entwicklungsstufe mit Spaltungstendenzen nach M. Klein) nicht überwunden haben. Fundamentalistische Auffassungen von Religion kommen der inneren Welt dieser Patienten sehr nahe. Sie fordern die totale Kontrolle aller Aspekte des Lebens und des Individuums.

Reife Religiosität setzt das Erreichen der depressiven Position voraus. Sie zeichnet sich nach André Green (1969) durch Respekt vor dem Individuum, durch Toleranz und durch den Schutz der Privatsphäre aus. Das Wertesystem enthält Verbote gegen Mord und Inzest und trifft Regelungen zu sexuellen Beziehungen. Hierbei zeichnen Toleranz, Hoffnung, Vertrauen in das Gute ohne Verleugnung des Bösen, Verantwortung gegenüber einer höheren moralischen Instanz, Kreativität als Mittel, Destruktivität zu überwinden, Respekt für die Rechte der Anderen und die Toleranz für den unvermeidlichen Neid und den Geiz, ohne zuzulassen, dass diese das eigene oder das Verhalten anderer dominieren, eine reife Religiosität aus. Gott ist in diesem Sinne der gütige Herrscher der Natur und der Schöpfer der Welt, er ist mitfühlend, verzeihend, jedoch auch strafend. Durch die Offenbarung gibt er sich den Menschen zu erkennen und durch Erlösung heiligt er alle Existenz. Die Merkmale reifer Religiosität stammen aus einem integrierten Überich, das verfolgende Aspekte von Gottesvorstellungen in der jüdisch-christlichen Religion mäßigt und überwinden hilft.

Abgrenzung der Psychoanalyse von der Seelsorge

Ein Psychoanalytiker sollte die unbewusste Natur religiöser Überzeugungen bei Menschen respektieren, er hat nicht Glaubensinhalte nach ihrer Wahrheit zu beurteilen. Diese Haltung hilft ihm aus der Verlegenheit, entweder nur eigene Überzeugungen zur Identifizierung anbieten zu können oder aber Menschen, die im Sterben liegen, mit dem Hinweis für religiöse Fragen nicht zuständig zu sein, alleine zu lassen. Wenn sich der Therapeut als Hilfs-Ich zur Verfügung stellt, damit Projektionen früher traumatischer Erfahrungen bewusst werden, kann das dem Patienten helfen, seine Gottesvorstellung von strafenden und verfolgenden Elementen zu befreien und somit protektive Aspekte reifer Religiosität für sich nutzbar zu machen.

Ob christliche Glaubensinhalte in der Phase des Sterbens hilfreich sind, hängt wesentlich vom Niveau der Überich-Entwicklung ab. Ist die Überich-Entwicklung auf einem präödipalen Niveau fixiert, sind die religiösen Vorstellungen davon geprägt. Dementsprechend können religiöse Begriffe wie Fegefeuer, Hölle, Jüngstes Gericht, Todsünde und endgültiger Tod für solche Patienten quälend sein. Manchmal kann ein Therapeut Sterbenden helfen, zu reiferen Formen der Religiosität zu gelangen. Auch hierfür bietet das Christentum Begriffe und Gleichnisse an. Diese kann man therapeutisch nutzen, ohne in die Gefahr zu geraten, ein Ersatzpriester zu sein.

Hilfreich ist es, keine intellektualisierende Entmythologisierung von konkret verstandenen Glaubensinhalten zu betreiben und eine Persönlichkeitsakzentuierung im Kontext der Affinität der Patienten zu bestimmten Glaubensformen zu berücksichtigen. Bei Sterbenden ist es in der verbleibenden knappen Zeit ein falscher Ehrgeiz, eine Nachreifung erzwingen zu wollen. Ein solches Ansinnen hilft dem Patienten ebenso wenig wie ein resignierter Rückzug mit der Scheinbegründung, man überschreite seine Kompetenz. Sinnvoll ist es, da man vielleicht nicht allein alle Fragen beantworten kann, eine interdisziplinäre Zusammenarbeit mit Seelsorgern, Pflegepersonal und betreuenden Ärzten anzustreben.

Literatur

Albani C, Gunzelmann T, Bailer H, Grulke N, Geyer M, Brähler E (2004) Religiosität und Spiritualität im Alter. Z Gerontol Geriat 37: 43–50.
Chasseguet-Smirgel J (1984) Creativity and Perversion. New York (Norton).
Freud S (1907) Zwangshandlungen und Religionsausübungen. GW VII, 127–139.
Fuchs B (2000) Religiosität und psychische Gesundheit im Alter. In: Bäurle P, Radebold H, Hirsch RD, Studer K, Schmid-Furstoss U, Struwe B (Hg) Klinische Psychotherapie mit älteren Menschen. Bern, Göttingen (Huber) 235–243.

Katechismus der katholischen Kirche (1993) München (Oldenbourg-Verlag).

Kernberg O (2000) Einige Überlegungen zum Verhältnis von Psychoanalyse und Religion. In: Basler M (Hg) Psychoanalyse und Religion – Versuch einer Vermittlung. Stuttgart, Berlin, Köln (Kohlhammer) 107–134.

Klein M (1940) Die Trauer und ihre Beziehung zu manisch-depressiven Zuständen. In: Klein M (1989) Das Seelenleben des Kleinkindes und andere Beiträge zur Psychoanalyse. Reinbek (Rowohlt) 95–130.

Klein M (1946) Bemerkungen über einige schizoide Mechanismen. In: Klein M (1989) Das Seelenleben des Kleinkindes und andere Beiträge zur Psychoanalyse. Reinbek (Rowohlt) 131–163.

Koenig HG, Larson DB (2001) Religion and mental health: evidence for an association. Int Rev Psychiatry 13: 67–78.

Ratzinger J (1968) Einführung in das Christentum. München (Kösel).

Rizuto AM (1979) The Birth of the living God. Chicago (University Press).

Van de Pol WH (1967) Das Ende des konventionellen Christentums. Wien, Freiburg, Basel (Herder).

Zilboorg G (1958) Freud and Religion. London (Geoffry Chapman).

Korrespondenzadresse:
Dr. med. Bertram von der Stein
Quettinghofstraße 10 a
50769 Köln
E-Mail: Dr.von.der.Stein@netcologne.de

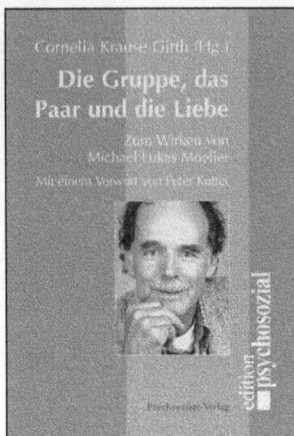

2007 · 292 Seiten · broschiert
ISBN 978-3-89806-586-3

2007 · 310 Seiten · broschiert
ISBN 978-3-89806-579-5

Die kreative, unkonventionelle Arbeitsweise und Beziehungsgestaltung des Psychoanalytikers Michael Lukas Moeller wird durch MitarbeiterInnen, FreundInnen und Kollegen veranschaulicht. Die Erforschung von Arbeitsstress und Prüfungsangst, Selbsthilfe und Paargruppen markierte den Beginn seiner wissenschaftlichen Karriere in Gießen. Die Frankfurter Psychosoziale Ambulanz verband in einem einmaligen Modell Selbsthilfe, Psychoanalyse und Paarmedizin mit Baby- und Erwachsenenambulanz an einer Universitätsklinik. Die Gruppenanalyse stand im Zentrum seines Lebens – so auch im Buch: als Ort der Heilung und Selbstentwicklung von älteren Menschen oder PsychoanalytikerInnen in autonomen Gruppen, als Forschungsgegenstand und als Ort der Liebe und der Bearbeitung des Sterbens.

Nach 10 Jahren endlich wieder erhältlich: Moellers Klassiker über Selbsthilfegruppen im Gesundheitssystem!

Moeller begründet die Notwendigkeit der Zusammenarbeit von Selbsthilfegruppen und Fachleuten in Medizin und Erziehung und stellt die Schwierigkeiten und Chancen dieser Zusammenarbeit dar. Er schreibt dabei aus der Praxis für die Praxis.

P🔲V
Psychosozial-Verlag

Goethestr. 29 · 35390 Gießen · Tel. 0641/9716903 · Fax 77742
bestellung@psychosozial-verlag.de
www.psychosozial-verlag.de

Profile des Rückzugs – Suizidalität bei Älteren

Astrid Altenhöfer, Reinhard Lindner, Georg Fiedler,
Paul Götze u. Ronald Foerster (Hamburg)

Zusammenfassung

Der vorliegende Beitrag geht der Frage nach, warum es älteren suizidgefährdeten Menschen schwer fällt, über ihre Suizidalität zu sprechen und professionelle Hilfsangebote in Anspruch zu nehmen. Hierzu werden Ergebnisse eines Forschungsprojekts des Therapie-Zentrums für Suizidgefährdete am Universitätsklinikum Hamburg-Eppendorf vorgestellt. Im Rahmen einer mehrjährigen Untersuchung wurde ein strukturiertes Interview entwickelt, mit dem suizidale Ältere befragt wurden, die sich nicht in Behandlung wegen ihrer Suizidalität befanden. Diese wurden mit suizidalen Älteren verglichen, die ihre Suizidalität in einer professionell helfenden Beziehung thematisieren konnten sowie mit einer nicht-suizidalen Kontrollgruppe älterer Probanden. Die Auswertung der Interviews ergab drei typische Ängste und damit einhergehend Rückzugsmuster, die es suizidalen Älteren erschweren, professionelle psychotherapeutische und/oder psychiatrische Hilfe in Anspruch zu nehmen: (1) paranoide Ängste, (2) Ängste vor Abhängigkeit und Autonomieverlust und (3) Ängste vor der Reaktivierung früherer negativer Erfahrungen, die ein Leben lang abgewehrt worden waren.

Stichworte: Suizidalität Älterer, Behandlung

Abstract: Profile of withdrawal – Suicidal tendencies in the elderly

This article discusses the question why elderly suicidal persons rarely seek psychiatric or psychotherapeutic treatment for their suicidal tendencies. Recent results of a research project that was carried out at the Center for therapy and studies of suicidal behavior at the university hospital Hamburg-Eppendorf are presented. Within this project a structured interview was developed in which suicidal elderly people who were not treated for their suicidal tendencies were questioned and compared with two other samples – one group of suicidal elderly persons who were in psychiatric and/or psychotherapeutic treatment for their suicidal tendencies and a non-suicidal control group. Three typical anxieties and patterns of retreat were found, which prevented older suicidal persons to speak about their suicidal tendencies in professional helping relationships: (1) paranoid anxieties, (2) the fear of dependency and loss of autonomy and (3) the fear of reactivating former negative relationship experiences that had been suppressed for a long time.

Keywords: Suicidal tendencies in the elderly, treatment

Einleitung

Suizidalität spielt im höheren Lebensalter eine weitaus wichtigere Rolle und stellt ein weitaus größeres Gefahrenpotential dar als oftmals angenommen, da die Suizidrate mit zunehmendem Alter deutlich ansteigt. Die Suizidziffern der über-60-jährigen Männer liegen in den westlichen Ländern um das 1.7fache, die der über-60-jährigen Frauen um das 2.0fache höher als die Gesamtsuizidziffern der jeweiligen Geschlechtsgruppe (Schmidtke et al. 2002). Jede zweite tödliche Suizidhandlung bei Frauen wird von einer Über-60-jährigen ausgeführt (Erlemeier 2002), bei Männern ist der Anteil von Älteren ebenfalls überproportional erhöht. Ein gegenläufiges Bild zeigt sich bei Suizidversuchen (über deren Häufigkeit aus Datenschutzgründen keine amtliche Statistik geführt wird): Über-60-Jährige sind nach der WHO/Euro-Multicenter-Study of Suicidal Behavior nur zu 7% an Suizidversuchen beteiligt (Schmidtke et al. 2002). Wird also ein älterer Mensch suizidal, dann ist die Wahrscheinlichkeit eines Suizids deutlich höher als in jüngeren Lebensjahren. Götze (2004) führt dies darauf zurück, dass ältere Menschen in ihrem suizidalen Erleben weniger ambivalent sind. *»Im Vergleich zu jüngeren scheint bei älteren Patienten die Ambivalenz zwischen lebenserhaltenden und lebensvernichtenden Bestrebungen und Befindlichkeiten bei Suizidgefährdung schwächer ausgeprägt zu sein. Die älteren Menschen verhalten sich in ihren suizidalen Gedanken, Gefühlen und Handlungen offensichtlich eindeutiger, d.h. auch kommunikativ mit weniger Gewissensnot«* (Götze 2004, 278). Zudem benutzen ältere Menschen signifikant mehr harte Suizidmethoden als jüngere (Pitkälä et al. 2000).

Dennoch gibt es trotz intensiver Forschungen in den letzten Jahrzehnten bislang kein überzeugendes Erklärungsmodell zur Suizidalität Älterer, ebenso wenig eine empirische Überprüfung der Gewichtung und Interaktion zentraler Risikofaktoren (Erlemeier 2002).

Die Behandlung der Suizidalität spielt auch und vor allem bei Älteren nach wie vor eine eher untergeordnete Rolle. Dies hängt damit zusammen, dass ältere suizidale Menschen nur selten professionelle Hilfe in Anspruch nehmen bzw. nachfragen. Es besteht eine auffällige Diskrepanz zwischen erhöhter Suizidgefährdung mit tödlichem Ausgang im Alter einerseits und geringer Inanspruchnahme professioneller Hilfe durch ältere Menschen andererseits. Diese Diskrepanz ist besonders groß bei älteren und alten Männern.

Befragungen von Über-60-Jährigen ergaben, dass sich diese in suizidalen Krisen vor allem hilfesuchend an Angehörige, Freunde, den Hausarzt oder einen Pfarrer wenden, d. h. an Personen, die ihnen vertraut sind bzw. denen sie vertrauen. Ambulante Einrichtungen, die mit einer speziellen Fachkompetenz für suizidale Krisen ausgestattet sind, werden von den Über-60-Jährigen – und nicht nur von den über-60-jährigen Männern – selten aufgesucht. Sie machen nur 10% der dortigen Klientel aus, während sie mit über 20% in der Gesamtbevölkerung vertreten sind (Erlemeier 2001).

Dies gilt insbesondere für psychotherapeutische Behandlungsangebote, obwohl mittlerweile empirisch nachgewiesen wurde, dass auch ältere Menschen von Psychotherapie profitieren. Ältere erleben Psychotherapie aber viel seltener als adäquate Behandlungsmöglichkeit. Peters und Lange (1997) führen diese Zurückhaltung und die geringe Motivation älterer Patienten auf fehlendes Wissen und die fehlende Möglichkeit zurück, Psychotherapie als etabliertes Behandlungsverfahren kennenzulernen. Außerdem scheint eine narzisstische Problematik eine zentrale Rolle zu spielen, resultierend aus der beginnenden Multimorbidität mit ihren lebenspraktischen Einschränkungen.

Es gibt jedoch auch eine ganze Reihe von Gründen, die Psychotherapeuten davon abhalten, ältere Patienten in Behandlung zu nehmen:

➤ Ein ausreichendes Expertenwissen im Hinblick auf die im Alter häufigere Komorbidität mit körperlichen Krankheiten steht nicht zur Verfügung.
➤ Die höhere Ambivalenz Älterer, eine Psychotherapie zu beginnen, wird negativ erlebt.
➤ In einer Therapie besteht bei älteren Patienten eher das Risiko, sich mit deren aktueller Hilf- und Hoffnungslosigkeit zu identifizieren.
➤ Haben Patienten das Lebensalter der eigenen Eltern, können bei einem Therapeuten kindliche Gegenübertragungsgefühle reaktiviert und Ohnmachtsgefühle verstärkt werden.

Untersuchungsdesign

Da es vergleichsweise wenig Studien über die Suizidalität Älterer und so gut wie keine Erkenntnisse über ältere Suizidgefährdete gibt, die sich nicht in Behandlung begeben, war gerade diese Personengruppe im vorliegenden Forschungsprojekt von besonderem Interesse.

Zunächst wurden 30 Tiefeninterviews mit Personen über 60 Jahren durchgeführt, die sich selbst als suizidal erlebten, ihre Schwierigkeiten jedoch nicht in einer professionell helfenden Beziehung thematisieren konnten. Diese Interviews wurden mittels der systematischen qualitativen Methode der *verstehenden Typenbildung* (Lindner 2006) ausgewertet. Daraus ergaben sich idealtypische Aspekte zur Suizidalität, zur Übertragungssituation im Gespräch und zur Lebensgeschichte der Befragten. So konnten beispielsweise idealtypische Übertragungs-Gegenübertragungs-Muster herausgearbeitet werden, die narzisstische und aggressive Konflikte sowie traumatische Beziehungserfahrungen und ihre lebenslange Verarbeitung abbildeten (detailliert siehe Lindner et al. 2006).

Aufbauend auf diesen Ergebnissen wurde in einer zweiten Phase ein strukturiertes Interview entwickelt, mit dem drei Vergleichsgruppen von über-60-jährigen Probanden zu ihrer aktuellen Lebenssituation und zu ihrem subjektiven Erleben befragt wurden. Dabei ging es zum einen um die Entwicklung und Evaluation eines neuen Forschungsinterviews, zum anderen um die Erarbeitung vorläufiger Konzepte für Behandlungseinrichtungen und Behandlungsangebote für suizidale ältere Menschen.

Vergleichsgruppen

Im Rahmen dieser zweiten Projektphase wurden 67 über-60-jährige Probanden befragt, und zwar:
➤ 15 suizidale Ältere in psychotherapeutischer und/oder psychiatrischer Behandlung (SIB),
➤ 25 suizidale Ältere, die ihre Suizidalität nicht in eine Behandlung einbringen konnten (SNB)
➤ sowie 27 nicht-suizidale Ältere (NS).

Die Rekrutierung dieser Probanden erfolgte mit Hilfe von Artikeln in Hamburger Tageszeitungen und in Kooperation mit psychiatrischen Kliniken und

Zentren sowie mit niedergelassenen Psychotherapeuten und Psychiatern. Zudem wurden Kirchengemeinden und Freizeit-, Bildungs- und Betreuungsinstitutionen für ältere Menschen sowie Tagesstätten und Seniorenheime angesprochen.

Untersuchungsinstrumente

Basierend auf den Ergebnissen der ersten Erhebungsphase wurde ein strukturiertes Interview mit einem Interviewleitfaden – bestehend aus zwölf Segmenten – entwickelt, die nacheinander und aufeinander aufbauend von einem Interviewer erfragt werden:
1. Soziodemographische Daten
2. Aktuelles Befinden
3. Behandlungs-(Vor)erfahrungen
4. Beziehungserfahrungen
5. Einstellungen
6. Verlust von Angehörigen
7. Suizidalität
8. Traumatische Lebenserfahrungen
9. Rückschau und Perspektive
10. Religion und Überzeugungen
11. Tagesgestaltung und Freizeit
12. Interviewer-Rating

Jeder der zwölf Teilbereiche wird mit einer offenen Frage eingeleitet und dann je nach Antwort vertiefend exploriert. Der Interviewer wird mit Hilfe von Sprungregeln durch das Interview geführt. Die Durchführung des gesamten Interviews dauert in der Regel 90 bis 120 Minuten. Zur Evaluation wurde jedes Gespräch vollständig auf Tonband aufgezeichnet und nachträglich von drei unabhängigen Ratern auf der Basis eines ausgearbeiteten Kategoriensystems ausgewertet. Die Rater beurteilten also jeden Probanden auf vorgegebenen Ratingskalen, sie wussten hierbei jedoch nicht, zu welcher Stichprobe der jeweilige Proband gehörte.

Neben dem strukturierten Interview kamen weitere Fragebögen – die Hospital Anxiety and Depression Scale (HADS-D) und die Symptom-Checkliste (SCL–90-R) – und Ratinginstrumente – die Hamilton Depression Scale

(HAMD) – zum Einsatz. Zusätzlich machten die Interviewer Angaben zu ihrem subjektiven Erleben in der Gesprächssituation sowie zur Interaktion und zur Person des Probanden auf einer fünfstufigen Ratingskala – der Therapeuteneinschätzung im Erstkontakt (TEE). Eine Bewertung der vom Probanden genannten drei wichtigsten Beziehungen erfolgte durch ein modifiziertes OPD-Beziehungsachsenrating.

Ergebnisse

Im Rahmen der strukturierten Interviews wurden alle Probanden am Anfang, quasi als Gesprächseinstieg, nach ihren soziodemographischen Daten, wie Alter, Wohnsituation, aktueller Familienstand, aktuelle Wohnsituation etc., gefragt, in Anlehnung an die Psychotherapeutische Basisdokumentation (Psy-BaDo) (Heuft u. Senf 1998). Unter Berücksichtigung des höheren Lebensalters der Probanden wurde danach gefragt, ob sie Unterstützung bei der Haushaltsführung oder Hilfen bei der Körperpflege bzw. im Alltag (etwa beim Kochen) in Anspruch nehmen oder ob sie durch die Pflegekasse finanziell unterstützt werden.

Variablen		SNB (N = 25)		SIB (N = 15)		NS (N = 27)		
		M	s	M	s	M	s	Sig.
Alter		70.5	8.0	68.4	6.4	70.9	6.4	.529[1]
		N	%	N	%	N	%	
Geschlecht	Weiblich	19	76	9	60	19	70.4	.563[2]
	Männlich	6	24	6	40	8	29.6	
Nationalität	Deutsch	24	100	15	100	26	96.3	.480[2]
	Andere	0	0	0	0	1	3.7	
Flüchtlingsschicksal		6	24	3	20	5	19	.762[2]
Höchster Bildungs- abschluss	Kein Abschluss	0	0	0	0	2	7.7	.146[2]
	Haupt- schule	9	36	8	53.3	4	15.4	
	Realschule	9	36	3	20	8	30.7	
	Abitur	4	16	0	0	2	7.7	
	Universität	3	12	4	26.7	10	38.5	
Wohn- situation	Eigene Wohnung/ Haus	22	88	15	100	25	96.2	.357[2]
	Senioren- anlage	2	8	0	0	0	0	
	Pflege- station Senioren- heim	1	4	0	0	0	0	
	Anderes	0	0	0	0	1	3.8	

Variablen		SNB (N = 25)		SIB (N = 15)		NS (N = 27)		Sig.
		N	%	N	%	N	%	
Pflege, Hilfen und Unterstützung	Ja	2	8	3	20	0	0	.066^2
	Nein	23	92	12	80	26	100	
Unterstützung bei Haushaltsführung	Ja	5	21.7	3	20	10	38.5	.312^2
	Nein	18	78.3	12	80	16	61.5	
Aktuell noch berufstätig	Ja	1	4	1	6.7	5	18.5	.200^2
	Nein	24	96	14	93.3	22	81.5	
Frühere Berufstätigkeit	Hausarbeit	1	4.3	2	14.3	3	15	.681^2
	Hilfstätigkeit	1	4.3	0	0	0	0	
	Handwerklich	1	4.3	1	7.1	1	5	
	Künstlerisch	0	0	2	14.3	1	5	
	Sozial	2	8.7	1	7.1	1	5	
	Technisch	3	13	0	0	1	5	
	Verwaltend	1	4.3	0	0	0	0	
	Dienstleistung	6	26.2	3	21.4	8	40	
	Kaufmännisch	7	30.4	5	35.7	3	15	
	Andere	1	4.3	0	0	2	10	

Anmerkungen: SNB = Suizidal und nicht in Behandlung, SIB = Suizidal und in Behandlung, NS = Nicht-suizidal,
% = Spaltenprozentangaben
[1] Einfaktorielle Varianzanalyse, [2] X^2-Test

Statistisch zeigten sich im Bereich der soziodemographischen Daten keine signifikanten Unterschiede (Einfaktorielle Varianzanalysen und X^2-Tests) zwischen den drei Vergleichsgruppen. Das Durchschnittsalter lag in allen drei Gruppen bei ca. 70 Jahren, die meisten Probanden waren deutscher

Nationalität, in der Mehrzahl weiblich (N = 47) und nicht mehr berufstätig. Sie wohnten nach wie vor in der eigenen Wohnung oder im eigenen Haus, lediglich drei lebten in einem Seniorenwohnheim und nur wenige nahmen Pflegemaßnahmen in Anspruch.

In der nächsten Tabelle werden Ergebnisse des Interviews, bezüglich Suizidalität und Umgang mit suizidalen Krisen und mit aktuell belastenden Lebensereignissen sowie SCL–90-R-Ergebnisse zusammenfassend dargestellt.

		Gruppen		
		SNB	SIB	NS
		%	%	%
Aktuell belastende Lebens-ereignisse	Familienkonflikte	36	7	11
	Kränkungen	28	7	0
	Eigene Erkrankungen	24	27	7
	Tod wichtiger Personen	24	13	22
Umgang mit belastenden Ereignissen	Ständiges Grübeln	64	75	13
	Aggression	32	13	13
	Vermeidung	50	25	7
	Ängste	32	50	7
	Versuch Problem alleine zu lösen	55	63	47
	Depression	23	38	7
Suizidalität	Suizidalität lifetime	72	100	30
	Suizidversuche lifetime	48	40	4
	Suizidgedanken aktuell	72	47	0
	Suizid in Zukunft vorstellbar	71	53	13
Auslöser für Suizidalität – lifetime	Depression	17	53	13
	Schwere Krankheit	33	27	0
	Beziehungskonflikte	72	40	75
	Trennungen	39	20	13
	Ablehnung/Kränkung	33	13	13

		Gruppen		
		SNB	SIB	NS
		%	%	%
Auslöser für Suizidversuche – lifetime	Depression	0	17	0
	Beziehungskonflikte	75	17	0
	Trennung	33	17	0
	Ablehnung/Kränkung	50	17	0
Auslöser für Suizidalität – aktuell	Depression	0	57	0
	Ohnmacht/Hilflosigkeit	22	14	0
	Schwere Krankheit	56	29	0
	Beziehungskonflikte	28	0	0
	Ablehnung/Kränkung	17	0	0
Erleben der aktuellen Suizidalität	Unangenehm	44	57	0
	Beruhigend	39	29	0
	Bedrohlich	11	43	0
	Stützend	17	0	0

Anmerkung: SNB: Suizidale Ältere – nicht in Behandlung, SIB: Suizidale Ältere in Behandlung, NS: Nicht-suizidale Ältere

		Gruppen		
		SNB	SIB	NS
		Häufigste Nennungen		
An wen wenden bei Suizidalität – lifetime	Angehörige	x	x	
	Freunde, Bekannte	x		x
	Ärzte, Psychotherapeuten		x	x

Anmerkungen: SNB: Suizidale Ältere – nicht in Behandlung, SIB: Suizidale Ältere in Behandlung, NS: Nicht-suizidale Ältere

		Gruppen		
		SNB	SIB	NS
		%	%	%
Gründe sich an niemanden zu wenden	Angst vor Verweigerung/Stigmatisierung	31	0	13
	Unkenntnis von Hilfsmöglichkeiten	94	50	25
	Schlechte Erfahrungen mit Helfern	25	6	0

Anmerkungen: SNB: Suizidale Ältere – nicht in Behandlung, SIB: Suizidale Ältere in Behandlung, NS: Nicht-suizidale Ältere

		Gruppen		
		SNB	SIB	NS
		Mittelwerte		
SCL-90-R	GSI	1.18	1.36	0.25
	Somatisierung	1.19	1.27	0.35
	Unsicherheit im Sozialkontakt	1.26	1.12	0.21
	Depressivität	1.53	2.04	0.33
	Ängstlichkeit	1.00	1.46	0.19
	Aggressivität/Feindseligkeit	0.87	0.76	0.09
	Paranoides Denken	1.19	0.95	0.20
	Psychotizismus	0.80	0.95	0.11

Anmerkungen: SNB: Suizidale Ältere – nicht in Behandlung, SIB: Suizidale Ältere in Behandlung, NS: Nicht-suizidale Ältere

Während die suizidalen Probanden, die sich *nicht* in Behandlung befanden, ihre Suizidalität überwiegend auf konflikthaft-beziehungsorientierte Auslöser, wie etwa Trennungen, Kränkungen und Beziehungskonflikte zurückführten, verstanden diejenigen in Behandlung diese eher als Reaktion auf eine depressive Symptomatik oder auf eine schwere körperliche Erkrankung.

Gleichsinnige Aussagen ergaben sich auch in Bezug auf aktuell belastende Lebensereignisse: Suizidale Probanden *ohne* Behandlung fühlten sich durch Familienkonflikte und Kränkungen am stärksten belastet, suizidale Probanden in Behandlung durch eigene Erkrankungen.

Diese belastenden Lebensereignisse führten bei suizidalen Probanden *ohne* Behandlung häufiger zu Aggression und Vermeidung, während suizidale Probanden in Behandlung vermehrt grübelten und unter Ängsten litten.

In suizidalen Krisen wandten sich suizidale Probanden *ohne* Behandlung eher an Angehörige, Freunde und Bekannte, aber im Gegensatz zu den beiden anderen Gruppen nicht an Ärzte und Psychotherapeuten. Diese Haltung begründeten sie im Interview mit Ängsten vor einer möglichen Stigmatisierung, der Unkenntnis über mögliche Hilfsangebote und früheren schlechten Erfahrungen mit professionellen Helfern. Bemerkenswert ist zudem, dass suizidale Probanden *ohne* Behandlung ihre Suizidgedanken auch als beruhigend und stützend erlebten, während suizidale Probanden in Behandlung sich von ihrer Suizidalität bedroht fühlten und diese als unangenehm erlebten.

Im SCL–90-R ergaben sich statistisch signifikante Unterschiede zwischen den Gruppen, sowohl im Global Severity Index (GSI) (p < .001) als auch auf den einzelnen Subskalen. Die Mittelwerte der nicht-suizidalen Probanden lagen deutlich unter und die der beiden Gruppen mit suizidalen Probanden deutlich über dem von Derogatis definierten Cutoff-Wert von .63, also im klinisch auffälligen Bereich. Letzteres spiegelt eine »*messbare psychische Belastung*« (Franke 1995, 27f.) wider. Außerdem waren die Werte der suizidalen Probanden in Behandlung in der Regel höher als die Mittelwerte der suizidalen Probanden ohne Behandlung. In den Skalen »Unsicherheit im Sozialkontakt«, »Aggressivität/Feindseligkeit« sowie »Paranoides Denken«, die interaktionelle Komponenten erfassen, waren jedoch die Probanden ohne Behandlung klinisch auffälliger.

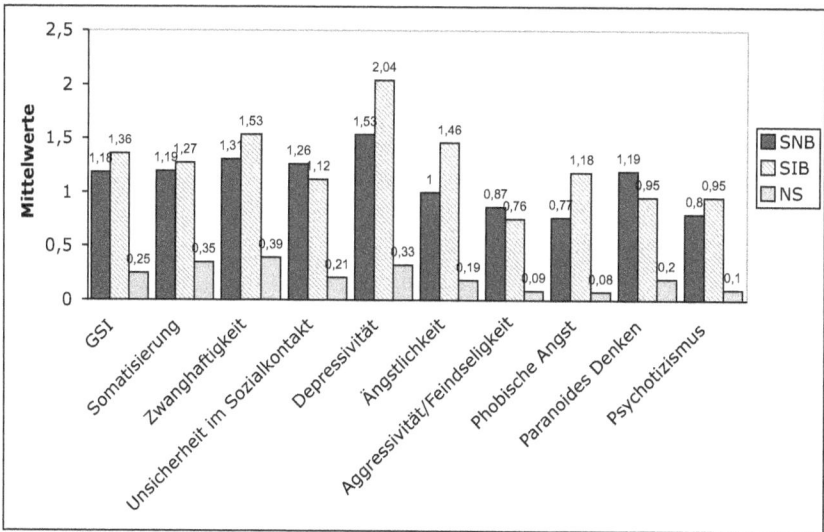

Abbildung 1: Mittelwertsunterschiede zwischen den drei Stichproben in der Symptombelastung auf den Skalen des SCL–90-R

Bei älteren Suizidalen ohne Behandlung im Vergleich mit denjenigen in Behandlung zeigte sich, dass sie an dysfunktionalen, konflikthaft erlebten Beziehungen litten, was in Trennungen und Kränkungen sichtbar wurde und zu Aggression und Vermeidung führte.

Drei Formen des Rückzugs ließen sich dabei herausarbeiten. Ein Rückzug

1. aufgrund paranoider Ängste, z. B. als Angst vor Vereinnahmung und Bevormundung durch professionelle Helfer mit dem Gefühl, sich überwältigt und angegriffen zu fühlen,

2. aus Angst vor zerstörerischer Abhängigkeit und vor Autonomieverlust und

3. aus Angst vor der Reaktualisierung negativer emotionaler Erfahrungen, die früher beispielsweise durch ein intensives berufliches Engagement abgewehrt werden konnten. Der Kontakt kann sich in solchen Fällen zwar oberflächlich positiv, offen und freundlich gestalten, löst bei einem Interviewer aber Gefühle von Langeweile, Widerspruch und Ablehnung aus. Nach unserer Einschätzung werden Wünsche nach einem halt- und identität-gebenden elterlichen Objekt abgewehrt, da sie mit Erfahrungen des Verlustes und der Hilflosigkeit verknüpft sind (Lindner et al. 2008).

Der Rückzug, die Nichtinanspruchnahme therapeutischer Hilfe lässt sich als ein Konfliktlösungsversuch verstehen, durch den starke aggressive Affekte vermieden werden. Diese können dann aber partiell, etwa im Erleben potentieller Helfer, zum Ausdruck kommen. Ein theoretisches Verständnis solcher Rückzugs-Interaktionen bietet das Konzept des psychischen Rückzugs von Steiner (1993), der die Vermeidung des Kontakts mit anderen Personen, aber auch mit der Realität insgesamt auf Angst zurückführt. Steiner beschreibt die erlebbare Form dieser Abwehr als kalte Herablassung, spöttische Zurückweisung sowie als falsche Art des Kontakts, auf die der Analytiker seinerseits oberflächlich, unehrlich und sadomasochistisch reagiert. Abgewehrt werde eine unaushaltbare Angst vor den eigenen als endlos befürchteten Rachegefühlen sowie vor Neid und Groll; weder die misstrauischen Erlebniszustände der paranoid-schizoiden Position noch depressive Verlusterfahrungen könnten erlebt werden, im Rückzug komme eine dritte psychische Position zum Ausdruck (74ff.).

Das Konzept des psychischen Rückzugs stammt aus Psychoanalysen. Steiner selbst stellt aber Bezüge zum Konzept des Enactments her (Sandler 1976, Sandler und Sandler 1978, Jacobs 2000), welches eng mit dem (deutschsprachigen) »Handlungsdialog« (Klüwer 2001) verknüpft ist. In einem Prozess der Verstrickung entsteht zwischen Patient und Therapeut ein Beziehungsmuster, in dem sich eine prägende Beziehungserfahrung des Patienten wiederholt. Derartige komplexe Interaktionsmuster finden sich auch außerhalb der analytischen Situation, beispielsweise in anderen professionell helfenden Beziehungen. Es ist häufig schwierig, solche Beziehungsmuster zu verstehen, in denen beide Partner aktiv gestaltend und handelnd agieren. Gelingt es jedoch, kann dies bei suizidalen Patienten eine lebenserhaltende Wirkung haben. Hilfreich wäre in solchen Fällen eine Haltung, in der der Therapeut weder in eine Kollusion mit dem Rückzug des Patienten gerät noch sich selbst zurückzieht.

Praktisch ergeben sich aus diesem Verständnis des suizidalen Rückzugs aus Enttäuschung, Aggression und Vermeidung von Kontakt einige Überlegungen: So ist es offensichtlich wichtig, Rückzugsverhalten überhaupt wahrzunehmen. Es ist ebenfalls von Bedeutung, dass Therapeuten sich dann nicht ebenfalls z. B. verärgert oder desinteressiert zurückzuziehen, sondern eine den Rückzug und seine Gründe aufnehmende, haltende und jeweils professionelle Antwort gebende Haltung entwickeln. Diese kann, abhängig von der Profession, den Rahmenbedingungen und dem Setting, sehr unterschiedlich geartet sein.

Literatur

Arbeitskreis OPD (2004) Operationalisierte Psychodynamische Diagnostik. Grundlagen und Manual. Göttingen, Toronto, Seattle (Huber).

Erlemeier N (2001) Suizidalität und Suizidprävention im Alter. BD. 212, Schriftenreihe des Bundesministeriums für Familie, Senioren, Frauen und Jugend. Stuttgart (Kohlhammer).

Erlemeier N (2002) Stand und Perspektiven ambulanter Krisenhilfe bei Suizidgefährdung im Alter – Ergebnisse einer Befragung. Suizidprophylaxe 28: 158–164.

Franke G (1995) SCL–90-R. Die Symptom-Checkliste von Derogatis – Deutsche Version – Manual. Göttingen (Beltz Test).

Götze P (2004) Narzissmus und Suizidalität im höheren Lebensalter. Psychotherapie im Dialog 3: 278–282.

Hamilton M (1960) A rating scale for depression. Journal of Neurology, Neurosurgery and Psychiatry 23: 56–62.

Herrmann Ch, Buss U, Snaith RP (1995) HADS-D. Hospital Anxiety and Depression Scale – Deutsche Version. Ein Fragebogen zur Erfassung von Angst und Depressivität in der somatischen Medizin. Testdokumentation und Handanweisung. Bern, Göttingen, Toronto, Seattle (Huber).

Heuft G, Senf W (1998) Praxis der Qualitätssicherung in der Psychotherapie – Das Manual zur Psy-BaDo, entsprechend den Empfehlungen der Psychotherapeutischen Fachgesellschaften. Stuttgart, New York (Thieme).

Jacobs J (2000) Unbewusste Kommunikation und verdeckte Enactments im analytischen Setting. In: Streeck U (Hg) Erinnern, Agieren und Inszenieren. Göttingen (Vandenhoeck & Ruprecht) 97–126.

Klüwer R (2001) Szene, Handlungsdialog (Enactment) und Verstehen. In: Bohleber W, Drews S (Hg) Die Gegenwart der Psychoanalyse – die Psychoanalyse der Gegenwart. Stuttgart (Klett-Cotta) 347–357.

Lindner R (2006) Suizidale Männer in der psychoanalytisch orientierten Psychotherapie. Eine systematische qualitative Untersuchung. Gießen (Psychosozial-Verlag).

Lindner R, Fiedler G, Altenhöfer A, Götze P, Happach C (2006) Psychodynamic Ideal Types Of Elderly Suicidal Persons Based On Counter Transference. Journal of Social Work Practice 20: 347–365.

Lindner R, Altenhöfer A, Fiedler G, Götze P (2008) Suicidality in later life. In: Briggs S (Ed) Dealing with self harm and suicide. London (Routledge) (in print).

Peters M, Lange C (1997) Empirische Ergebnisse zur Psychotherapiemotivation älterer Patienten. Deutsche Gesellschaft für Gerontopsychiatrie und -psychotherapie (Hg) Depressionen im Alter. Steinkopff, Darmstadt 282–284.

Pitkälä K, Isometsä ET, Henriksson MM, Lönnquist JK (2000) Elderly suicide in Finland. International Psychogeriatrics 12: 209–220.

Sandler J (1976) Countertransference and role-responsiveness. International Review of Psychoanalysis 3: 43–47.

Sandler J, Sandler AM (1978) On the development of object relationship and affect. International Journal of Psycho-Analysis 59: 285–296.

Schmidtke A, Weinacker B, Löhr C, Schaller S (2002) Suizidprävention im Alter: Internationale Perspektiven. In: Hirsch R, Bruder J, Radebold H (Hg) Suizidalität im Alter. Schriftenreihe der Deutschen Gesellschaft für Gerontopsychiatrie und -psychotherapie, Bd. 4. Bonn, Hamburg, Kassel 59–79.

Steiner J (1993) Psychic retreats. Pathological organizations in psychotic, neurotic and borderline patients. London (Routledge).

Korrespondenzadresse:
Dr. Astrid Altenhöfer
Therapie-Zentrum für Suizidgefährdete
Universitätsklinikum Hamburg-Eppendorf
Martinistraße 52
20246 Hamburg
E-Mail: *altenhoe@uke.uni-hamburg.de*

Gerontopsychiatrische und psychotherapeutische Station für affektive Störungen im Alter der Landesnervenklinik Sigmund Freud in Graz

Alexis Matzawrakos und Martin Enge (Graz)

Die Landesnervenklinik Sigmund Freud (LSF) ist eine öffentliche Sonderkrankenanstalt mit rund 780 Betten. Sie gliedert sich in 7 bettenführende Abteilungen: drei allgemeinpsychiatrische, eine gerontopsychiatrische, eine für Abhängigkeitserkrankungen, eine für neuropsychiatrische Kinder- und Jugendmedizin sowie eine für Neurologie. Als Spezialeinrichtungen gibt es gemeinsame Einrichtungen für Schlafmedizin, manuelle Medizin, Innere Medizin und ein ausgelagertes Beratungszentrum.

Die Schwerpunktstation GER 4 der Abteilung für Gerontopsychiatrie wurde 2004 unter dem Primar Dr. Farhoud Yazdani und der damaligen Oberärztin Dr. Erika Richter gegründet. Sie besteht aus 28 Betten in Zwei- und Vierbettzimmern. Da die Landesnervenklinik Sigmund Freud einen Akutversorgungsauftrag hat, beschränkt sich die durchschnittliche Aufenthaltsdauer der Patienten auf drei bis vier Wochen. Unser Einzugsgebiet erstreckt sich über die ganze Steiermark und das südliche Burgenland. Wir arbeiten mit sämtlichen psychosozialen Institutionen und Pflegeeinrichtungen dieser beiden Bundesländer zusammen.

Unser Schwerpunkt

Die gemischte Station GER 4 für affektive Störungen im Alter hat einen psychotherapeutisch orientierten Schwerpunkt mit einer verhaltenstherapeutischen und systemischen Ausrichtung. Das Stationskonzept hat sich ursprünglich aus einer tiefenpsychologischen Tradition entwickelt, auch diese Orientierung fließt in die Betrachtung und Behandlung unserer Patienten ein.

Wir behandeln in erster Linie Patienten mit depressiven und wahnhaften Zustandsbildern, Somatisierungsstörungen, Angststörungen, psychosomatische Erkrankungen und Patienten in akuten psychosozialen Krisensituationen. Die Station wird offen geführt. Nur sehr selten werden Patienten in suizidalen Krisen vorübergehend mittels Krisenblatt (eine Art Antisuizidpakt) hier behandelt.

Zur Station gehört eine Ambulanz für affektive Störungen, die auch als Nachsorgeambulanz dient. Termine können telefonisch vereinbart werden.

Die angewandten Methoden sind:

➤ Kurztherapien,
➤ Autogenes Training und Progressive Muskelrelaxation nach Jacobson,
➤ Kognitive Verhaltenstherapie und
➤ Systemische Therapie

in Form von in Einzel- und Gruppentherapien.

Unser Ziel besteht in der Wiederherstellung des Selbstwertgefühls durch Ich-Stärkung zur:

➤ Bewältigung drohender oder realer Verluste,
➤ Trauerbewältigung, Auseinandersetzung mit Sterben und Tod,
➤ Angstbewältigung,
➤ Vergangenheitsbewältigung,
➤ Akzeptanz des Alterungsprozesses und der oft damit verbundenen Erkrankungen,
➤ Sinn- und Selbstfindung,
➤ Verbesserung der Kommunikationsfähigkeit,
➤ Besserung der Lebensqualität und
➤ Verbesserung der Alltagskompetenz

Wir bieten folgende therapeutische Aktivitäten an:

➤ Gruppen- und Einzelpsychotherapie,
➤ Kreativtherapie: Malgruppe, gemeinsames kreatives Arbeiten mit Kindern (Alt trifft Jung), Musikgruppe, Kreativgruppe,
➤ Ergotherapie, Kochgruppe, Genuss-Gruppe,
➤ Körperorientierte Therapien wie Physiotherapie, Sporttherapie, Walking, konzentrierte Wirbelsäulengymnastik und Aktivierungsgruppe,
➤ Coping-Gruppe,
➤ Entspannungsgruppe,
➤ Biofeedback,
➤ Lichttherapie,
➤ Psychopharmakotherapie,
➤ Psychoedukation,

➤ Angehörigenberatung und Familiengespräche,
➤ Soziotherapie, Verbindung zu psychosozialen Einrichtungen und den
➤ Morgenkreis.

Ganz im Sinne der Psychoedukation ist es unser Bestreben, gezielt zur Teilnahme an den (an sich freiwilligen) Therapieangeboten zu motivieren.
 Einige dieser therapeutischen Aktivitäten sollen hier näher beschrieben
werden.

Der Morgenkreis

Im täglichen gemeinsamen Erzählen können schöne und positive Erfahrungen
wieder erlebt und ausgetauscht werden. Diese spezielle Art der Biografiearbeit
ermöglicht ein neues Verständnis der eigenen Lebensgeschichte und gibt die
Möglichkeit, sich mit der eigenen Vergangenheit auszusöhnen. Biografiearbeit
ist eine niederschwellige »natürliche« Psychotherapie, die von Älteren leichter
als andere Formen der Psychotherapie akzeptiert wird.
 Ältere Mensch finden durch die Gruppe Verständnis, Interesse und Wertschätzung, aber auch Spaß und Unterhaltung. Die Gruppe erweitert die
Kontaktmöglichkeiten und fördert auch kreative Leistungen.

Alt trifft Jung

Dieses Projekt entstand in Zusammenarbeit mit dem anstaltseigenen Kinder-
garten. Einmal pro Woche kommt eine Kindergärtnerin mit einer Gruppe
4–6-jähriger Kinder auf die Station, um gemeinsam mit unseren Patienten im
Beisein einer Therapieschwester zu basteln. Eine ähnliche Zusammenarbeit
ist mit einer Volksschule im Entstehen. Zu besonderen Anlässen (Fasching,
Ostern, Advent, Weihnachten) werden von den Kindern Lieder oder kleine
Theaterstücke auf der Station aufgeführt.
 Aus der Begegnung der Generationen entstehen für beide Seiten Vorteile. Interesse am Zusammensein von Alt und Jung wird geweckt und der Austausch
der Generationen gefördert. Man kann voneinander lernen, gegenseitige
Vorurteile werden abgebaut. Projekte wie diese können damit eine Antwort
auf veränderte Familienstrukturen darstellen. Viele unserer Patienten haben

den Kontakt zu ihren Enkel- und Urenkelkindern verloren, und viele Kinder den Kontakt zu ihren Großeltern.

Bei Älteren werden durch diese Kontakte Erinnerungen an die eigene Kindheit und Schulzeit, ergänzend zur Biografiearbeit im Morgenkreis, geweckt. Selbst schwer Depressive, die für die Ergo- oder Maltherapie zunächst keinen Antrieb entwickeln, lassen sich – fast wie selbstverständlich – von den Kindern zum gemeinsamen Basteln oder Malen animieren. Die Kinder erhalten die Möglichkeit, Respekt und Anerkennung für Ältere zu entwickeln. Sie erleben bei den älteren Patienten, dass auch Erwachsene »nicht mehr Alles können«, was sie selten im Privatbereich erfahren. Von Seiten der Leitung des Kindergartens und der Volksschuldirektorin werden diese Form des sozialen Lernens hoch geschätzt. Weitere Schulprojekte (Interviews mit Patienten, Aufsätze etc.) sind deshalb geplant.

Walking-Gruppe

Täglich gehen die Patientinnen und Patienten begleitet von Pflegepersonal für eine halbe Stunde durch den großen Park unsere Klinik, bei Sonne und bei Nebel, an warmen und an kalten Tagen; einmal in der Woche findet das Walking auch in der Begleitung eines Arztes oder einer Ärztin statt.

Schon beim Verlassen des Gebäudes scheint eine Veränderung bei den Patienten vorzugehen. Sie zeigen sich als Menschen, die ihre besonderen Erfahrungen in der Natur haben. Das Erdbeerfeld beispielsweise lässt manche an Erinnerungen an die frühere Arbeit in der Landwirtschaft anknüpfen; Gedanken, wie es den Blumen daheim jetzt wohl gehen mag, kommen hoch. Das Gehen in der Gruppe, das Vorausgehen oder dann wieder das Warten um zusammenzukommen, bringt neben körperlichen Erfahrungen eine Umstimmung der Wahrnehmung und der Fokussierung. Zuweilen ergeben sich Themen, die bei Einzelgesprächen im Sitzen nicht auftauchen. Bewegung, körperliches Training und bei Schönwetter eine natürliche Lichttherapie ergeben sich nebenbei.

Der Name wurde in Anklang an die nordic walking Bewegung gewählt, um diese Gruppe aufzuwerten. Die Akzeptanz durch die Patientinnen und Patienten ist hoch.

Das multiprofessionelle Team besteht aus:

➤ Ärzte und Ärztinnen (mit einer gerontopsychotherapeutischen Ausbildung),
➤ einer Psychologin mit psychotherapeutischer Ausbildung,
➤ einer Sozialarbeiterin,
➤ Ergotherapeutinnen und Physiotherapeutinnen sowie aus dem
➤ Pflegepersonal

Im Pflegeteam sind fünf Personen fest im abwechselnden Wochendienst eingeteilt, die unser Therapiekonzept unterstützen. Sie sind die ersten Ansprechpartner für die Patienten, betreuen die Kreativgruppe, organisieren die Teilnahme der Patienten am individuellen Therapieprogramm und sind bei allen Therapien (ausgenommen Einzeltherapien) anwesend.

Korrespondenzadresse:
Dr. Alexis Matzawrakos und Dr. Martin Enge
LSF Graz
Wagner-Jauregg-Platz 17
A–8053 Graz
E-Mail: *alexis.matzawrakos@lsf-graz.at* und *martin.enge@lsf-graz.at*

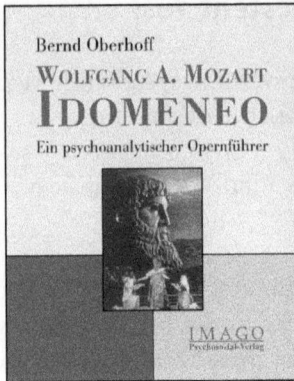

Bernd Oberhoff

WOLFGANG A. MOZART

IDOMENEO

Ein psychoanalytischer Opernführer

IMAGO
Psychosozial-Verlag

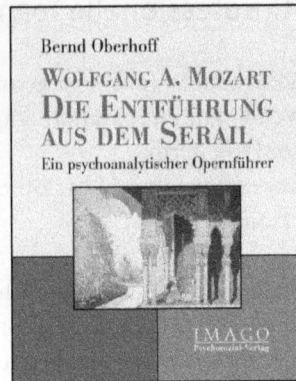

Bernd Oberhoff

WOLFGANG A. MOZART

DIE ENTFÜHRUNG
AUS DEM SERAIL

Ein psychoanalytischer Opernführer

IMAGO
Psychosozial-Verlag

2008 · 119 Seiten · broschiert
ISBN 978-3-89806-809-3

2008 · 109 Seiten · broschiert
ISBN 978-3-89806-812-3

In der Oper »Idomeneo« erscheint Prinz Idamantes als ein Sohn, wie jeder Vater ihn sich wünschen würde: edelmütig, folgsam und opferbereit. Doch dieses unschuldige Bild trügt. Die musikpsychoanalytische Recherche bringt es ans Licht: Im Verborgenen tobt ein mörderischer Kampf zwischen Vater und Sohn.

Mozart muss in Hochstimmung gewesen sein, als er diese Oper schrieb. Von laut lärmender türkischer Musik bis hin zu sensibler, inniger Liebessehnsucht ist alles enthalten. Auffallend und bemerkenswert ist, dass Mozart den Möchtegern-Kastrator Osmin ins Zentrum des Geschehens gerückt hat. Damit ist eine Fährte zu einem tiefer liegenden Drama gelegt.

P🔲V
Psychosozial-Verlag

Goethestr. 29 · 35390 Gießen · Tel. 06 41/97 16903 · Fax 77742
bestellung@psychosozial-verlag.de
www.psychosozial-verlag.de

Buchbesprechungen

Reimer Gronemeyer (2007) Sterben in Deutschland.
Wie wir dem Tod wieder einen Platz in unserem Leben
einräumen können. Frankfurt (S. Fischer) 160 S, € 19,90

Immer wieder versteht es Reimer Gronemeyer, Theologe und Soziologe
aus Gießen, aktuelle Problemlagen so aufzubereiten, dass sie einer großen
Leserschaft nicht nur zugänglich sind, sondern sie auch irritieren. Mit seinem zuletzt vorgelegten Buch macht er sich auf einen Parforce-Ritt durch
all die Orte, in denen heute gestorben wird. Dabei werden Sterbehilfe und
Palliativmedizin, Demenzversorgung und Patientenverfügung gleichermaßen
kritisch beleuchtet, ohne dass der Autor eindeutige Antworten lieferte. Er
konzediert all die Verbesserungen, die es in Pflege, Betreuung und Behandlung
gegeben hat – stirbt man doch längst nicht mehr in den Abstellkammern
von Heimen und Krankenhäusern. Dennoch gelingt es den wenigsten, das
Sterben zu Hause gegen eine verunsicherte Familie und eine, die juristischen
Folgen fürchtende, Ärzteschaft durchzusetzen. Doch der Tod wird nicht mehr
verschwiegen und Schmerzlinderung wird zum Bestandteil medizinischen
Selbstverständnisses.

Aber Gronemeyer macht hinter den allfälligen Fortschritten neue Abgründe
aus: Im Sog der Professionalisierung droht etwa die Hospizbewegung erfasst
zu werden, die einst als zivilgesellschaftlicher Protest gegen die Verlassenheit
im institutionalisierten Sterben antrat. Mehr und mehr scheint sie vereinnahmt
von einem staatlich und berufsständisch reglementierten System menschlicher
und medikamentöser Zuwendung; einheitliche Qualitätsstandards dienen
dabei als Voraussetzung für die Mittelzuweisungen.

Reserviert bleibt Gronemeyer auch gegenüber den apodiktischen Forderungen nach »würdigem« oder »schmerzfreiem Sterben« und dem individuellen Anspruch auf Definitionsmacht – sprich »Autonomie« – über das
eigene Leben, wiewohl er den Menschen, die den assistierten Freitod nach
der Methode Dignitas wählen, sein Verständnis nicht versagt.

Wenn die Vignetten über das »gute Sterben« unserer Urgroßeltern, in den
Elendsquartieren im südlichen Afrika oder in Indien auch nicht als realis-
tische Alternativen angesichts der Herausforderungen einer immer älteren
Gesellschaft voller vereinzelter Individuen gemeint sein dürften, so meldet

der Autor damit gleichwohl Vorbehalte gegen die Enteignung des Lebens an – von der In-vitro-Fertilisation und dem standardisierten Kaiserschnitt bis zum Opiat-umnebelten Ende in der *Palliativ Care Unit*.

Schließlich müssen sich die wohlmeinenden Vertreiber von Patientenverfügungen von ihm fragen lassen, inwieweit sie nicht weit geschmeidiger als Dignitas einer Entwicklung Vorschub leisten, die dem Einzelnen die Verantwortung für ein kostengünstiges Ableben aufbürden möchte.

Wie also sollen wir uns retten vor unserem eigenen Kleinmut angesichts von Einsamkeit und Schmerzen und den Geschäftsinteressen einer mächtigen Pharma- und Gesundheitsindustrie? Gronemeyer setzt dagegen – wie etwa auch Klaus Dörner – die Vision einer »Koproduktion« der Fürsorge für die Schwachen. Darunter versteht er das vertrauensvolle Zusammenwirken von Angehörigen, Freunden, Nachbarn und Freiwilligen bis hin zu Pflegediensten und Ärzten. Keiner der Beteiligten soll dabei moralisch, psychisch und physisch überfordert werden, sondern eine einzigartige Lern- und Lebenschance erkennen. Hieraus, so hofft er, werde die Gegenkultur erwachsen, die sich dem sonst neuerlich drohenden Zivilisationsbruch industrieller Massentötung in den Weg stellt.

Schließlich mahnt er zur Rückbesinnung auf die religiöse und philosophische Auseinandersetzung mit dem Sterben. Dabei verkneift er sich auch nicht einen erfrischenden Hieb auf die modische »Spiritualität«, die einer Bevölkerung, die nur noch wenig in kirchlich-christlichen Traditionen verankert ist, Bauchläden voller fernöstlicher und archaischer Sinnstiftung und Stimmungsaufheller offeriert.

Dem mitunter furiosen Reimer Gronemeyer hätte man gern einen ähnlich engagierten Lektor zur Seite gesehen. Manchen Aussagen und Anschuldigungen begegnet der Leser wie auf einer Wiederholungsschleife mehrere Male, was der Stringenz nicht dienlich ist. Doch davon abgesehen ist Gronemeyer ein ernst zu nehmender Zwischenruf gelungen. Ohne wirklich überzeugende Abhilfe zu wissen, warnt er vor dem Dammbruch, den die Verfügbarkeit über Leben und Tod für die Verfasstheit eines Rechtsstaats und das Zusammenleben seiner Bürgerinnen und Bürger bedeutet.

Angelika Trilling (Kasssel)

Bundesärztekammer und Kassenärztliche Bundesvereinigung (Hg) (2008) Sterben in Würde. Grundsätze und Empfehlungen für Ärztinnen und Ärzte. 28 Seiten

In den »Grundsätzen zur ärztlichen Sterbebegleitung« hält die deutsche Ärzteschaft an ihrem strikten »Nein« zur aktiven Sterbehilfe fest. Ärzte wollen nach diesen Grundsätzen auch in ausweglosen Situationen bis zum Tod behandeln, jedoch mit dem Ziel, Leid durch Symptombekämpfung im Sinne der Palliativmedizin zu lindern. Diesen Grundsätzen sind in dieser Druckschrift »Empfehlungen zum Umgang mit Vorsorgevollmacht und Patientenverfügung in der ärztlichen Praxis« angehängt, in denen in einer juristisch geprägten Sprache versucht wird, die Sachverhalte klar zu beschreiben. Während die Patientenverfügung eine formfreie Willenserklärung darstellt – eine Formulierung von konkreten Situationen ist notwendig, eine schriftliche Form wird aus Beweisgründen empfohlen – wird die Vorsorgevollmacht am besten entweder beim Notar erstellt oder auch anhand von Formularen erarbeitet. Der Hausarzt hat, soweit es sich um gesundheitliche Festlegungen geht, bei beidem eine beratende Funktion. Für Entscheidungen im Ernstfall ist es günstig, wenn sowohl Vorsorgevollmacht als auch eine Patientenverfügung vorliegen.

Insgesamt handelt es sich um eine kurze, klare und sehr informative Druckschrift, die dabei helfen kann, Patienten zu beraten, aber natürlich auch eine Willenserklärung zur eigenen Zukunft abzulegen. Die Schrift ist im Internet zu finden: www.baek.de, Rubrik »Medizin und Ethik«.

Johannes Kipp (Baunatal)

Thomas Friedrich-Hett (Hg) (2007) Positives Altern. Neue Perspektiven für Beratung und Therapie älterer Menschen. Bielefeld (transcript-Verlag) 226 Seiten, € 23,80

Eine ausführliche Übersicht des Herausgebers zur Thematik steht am Anfang des Buches, gefolgt von sechs Artikeln zu einzelnen Praxisfeldern und -methoden, in denen deutlich wird, wie systemische Denkweise auch im Hinblick auf das Alter in eine gute Praxis umgesetzt werden kann.

Friedrich-Hett nimmt in der Übersicht: »*Das Alter schätzen lernen*« negative Stereotypen über das Alter auf und kontrastiert sie mit den in der Gerontologie bekannten Fakten in einer kenntnisreichen und didaktisch klaren Form. Er geht u. a. auf einzelne gerontologische Stichworte ein (Verfall und Gesundheit, Intelligenz und Gedächtnis, emotionales Lernen, soziale Beziehungen, Sexualität und Geschlechtserleben) und kann so die positiven Seiten des Alterns sachlich herausarbeiten. Im Abschnitt über die »*Beratung und Therapie älterer Menschen*« geht es vor allem um systemische Beratungsgrundsätze. Der Autor macht hier vor allem auf die Notwendigkeit aufmerksam, »*die eigenen Vorurteile in Bezug auf Ältere zu erkennen und abzubauen, da diese sonst zu verzerrenden Wahrnehmungen in der Therapie verleiten und damit ebenfalls zu Diskriminierung führen können*« (31). Dass es hierbei nicht nur um eine kognitiv zu beeinflussende Haltung geht, sondern dass Beratungsprozesse durch unbewusste Eigen- und Gegenübertragungsprozesse beeinflusst werden, entgeht dieser Beschreibung. In den dargestellten eigenen Praxisbeispielen wird (im Gegensatz zu den zitierten) deutlich, wie fördernd seine Vorgehensweise sein kann.

Ausführlicher und damit auch viel anschaulicher als im Themenheft »*Depression*« unserer Zeitschrift (PiA 4–2007) beschreibt Friedrich-Hett mit zwei Mitautoren dann die Praxis der Theatertherapie, des Rollenspiels und der Sinnes- und Wahrnehmungsarbeit im tagesklinischen Setting in einer Weise, dass in mir der Wunsch entstanden ist, dort zu hospitieren, um diese Methoden in die eigene tagesklinische Arbeit übertragen zu können.

Im Artikel über »*Partnerschaftsberatung im Alter*« fasst Michael Vogt seine Erfahrungen in einer Lebensberatungsstelle zusammen. In seiner beratungsbegleitenden Forschung, die er hier zitiert, weist er auf, dass das Belastungsniveau von Ratsuchenden nach der Beratung und auch zu einem Follow-up-Zeitpunkt deutlich niedriger war als zu Beginn der Beratung. Die wenigen Praxisbeispiele überzeugen jedoch wenig, insbesondere wird das Vorgehen in der Beratung nicht transparent.

Marco Pulver geht dann auf die »*Beratung für schwule Senioren*« in Berlin ein. In die Beratung kommen Menschen, die aufgrund der früheren Einstellung zur Homosexualität häufig diskriminiert, ja benachteiligt wurden und die heute oft nicht offen mit ihrer Homosexualität umgehen können. Er weist auf die – durch die Lebensschicksale verständliche – besondere Kränkbarkeit dieser Klienten hin und auch auf das Problem, dass häufig nur durch eine solche Beratungsinitiative die Menschen erreicht werden können, die noch relativ gut vernetzt und nicht völlig vereinsamt sind.

Die Darstellung von A. Meindl und U. Schramm-Meindl über »*Empowerment-Coaching für die nachberufliche und nachfamiliäre Lebenszeit*« hat mich – selbst zu den Älteren gehörend – in eine ironische Nachdenklichkeit versetzt. Den Begriff haben die Autoren offensichtlich rechtlich schützen lassen. Während es sonst im Coaching um die Bearbeitung von Stärken und Schwächen im Einzelkontakt geht, wird hier ein Gruppenkonzept mit Lernschritten dargestellt, das aus der Feder jüngerer Menschen stammt und noch nicht wirklich die Feuerprobe der Anwendung bestanden zu haben scheint. Beispielsweise fehlen hier jegliche Praxisbeispiele. Falsch an dem vorgestellten Konzept ist, dass viel zu wenig auf die Förderung von Beziehungen geachtet wird, ältere Menschen sollen vielmehr dazu angeregt werden, ihre selbstbezogenen (narzisstischen) Ziele zu verfolgen.

Der Artikel von Renate Rubin »*Poesie und bibliotherapeutische Schreibgruppenarbeit mit alten Menschen*« ist ein wahres Highlight, nicht nur weil er in einer flüssigen, sehr gut verständlichen Sprache geschrieben ist, sondern auch weil die Verschränkung von Zielsetzung, Praxisbeschreibung und Praxisreflexion außerordentlich gut gelungen ist. Eingeleitet werden die Ausführungen über die Bedeutung von Bildung: Bildungserwerb fördere »*über die gesamte Lebensspanne hinweg sowohl die körperliche wie auch geistige Gesundheit*« (156). Dann folgen Überlegungen über den Zusammenhang zwischen Nutzen und Bildung, einen Zusammenhang, den die Autorin entkoppeln will. So wie es beim Joggen nicht um eine Olympiamedaille gehe, so gehe es auch nicht beim Schreiben um den Nobelpreis. Sehr gefallen hat mir der Vergleich eines neuen Textes mit einem Säugling: »*Ein Neugeborenes ist zunächst einmal bedingungslos das schönste ... Kind der Welt. Es erträgt die Kritik der Welt überhaupt noch nicht*« (162). Ausführlich wird dann das Projekt »Schreibstube« in einem Altersheim in Zürich und die Fähigkeit der Teilnehmerinnen, neugierig und sensibel miteinander umzugehen, beschrieben.

Am Ende des Buches steht der Artikel von Ilona Klaus: »*Wahrnehmung und Wertschätzung des Lebens alter Frauen aus feministisch-theologischer Sicht*«, in dem deutlich wird, dass sie als Theologin alten Frauen intensiv zuhört. Sie macht darauf aufmerksam, dass ältere Frauen in Kirchengemeinden aktiv sind, es werde aber selten mit ihnen wertschätzend umgegangen, ähnlich wie mit den weiblichen Figuren im Neuen Testament.

Abgerundet wird das Buch durch ein gut bearbeitetes Literaturverzeichnis und durch kommentierte Literaturempfehlungen. Insgesamt handelt es ich also um ein sehr lesenswertes Buch zu einem angenehmen Preis für Mitarbeiter, die im Altersbereich tätig sind, aber auch für die älteren Menschen selbst, die sich bewusst mit ihrem Älterwerden auseinandersetzen wollen.

Johannes Kipp (Baunatal)

Zum Titelbild

Das Titelbild von Rolf Escher, geb. 1936, ist dem Ausstellungskatalog »Tanz mit dem Totentanz« (Hartmut Kraft) entnommen. Es ist darin kombiniert mit einem farbigen mittelalterlichen Bild auf der rechten Seite, in dem der tanzende Tod gleich dreifach zwischen König, Bischof, Abt und Ritter dargestellt ist und in dem nicht nur die Spur des Todes deutlich wird. Unter dem Titel *»Die Sprache der Stille«* stellte Rolf Escher vom 15. 3.– 25. 5. 2008 im Berliner Dom eine neue Folge von Zeichnungen und Graphiken aus. Thematisch drehte sich die Ausstellung um sakrale Räume, Bibliotheken und Vanitas-Stilleben.

Das Copyright für dieses Bild liegt bei VG Bild-Kunst, 53113 Bonn, Weberstraße 61.

Veranstaltungshinweis

20. Symposium »Psychoanalyse und Altern« am 5. und 6. Dezember 2008 in Kassel

Thema: Der alternde Körper und wir

Bitte wenden Sie sich an die Vorbereitungsgruppe:
Dr. Johannes Kipp (johanneskipp@t-online.de),
Christiane Schrader (christiane.s.schrader@gmx.de) und
Dr. Bertram von der Stein (dr.von.der.stein@netcologne.de)

Sebastian Leikert

DIE VERGESSENE KUNST

Der Orpheusmythos
und die Psychoanalyse der Musik

IMAGO
Psychosozial-Verlag

Günter Jerouschek

»ER ABER, SAGS IHM,
ER KANN MICH
IM ARSCH LECKEN«

Psychoanalytische Überlegungen zu einer
Beschimpfungsformel und ihrer Geschichte

IMAGO
Psychosozial-Verlag

2005 · 175 Seiten · Broschur
ISBN 978-3-89806-476-X

2005 · 149 Seiten · Broschur
ISBN 978-3-89806-483-2

Sebastian Leikert entwickelt in diesem Buch eine umfassende psychoanalytische Theorie der Musik. Elemente der Musik wie Stimme, Rhythmus und Melodie werden in genetischer und linguistischer Perspektive befragt. Der Orpheusmythos bildet die Grundlage einer Interpretation dessen, was sich in der Musik vollzieht. In detaillierten Untersuchungen zum »Wohltemperierten Klavier« von J. S. Bach, zum Schlusssatz der »9. Sinfonie« von Beethoven und zu Verdis »La Traviata« werden nun Tiefendimensionen erkennbar, die bisher verschlossen blieben. Kapitel zur Musik der Sprache runden das Buch ab. Mit Bezügen zu Lacan zeigt Leikert mit seinen Untersuchungen, dass es möglich ist, unbewusste Sinnstrukturen musikalischer Werke bis ins Detail offenzulegen.

Wir sagen »Scheiße«, Engländer »fuck«, Spanier »joder«. Warum schöpfen wir Deutsche aus dem analen Lexikon, andere Völker hingegen meist aus dem sexuellen? Ob man zur einen oder anderen Seite neigt, ist aus psychoanalytischer Sicht ein gravierender Unterschied. Gibt es hier einen deutschen Sonderweg? Und war das schon immer so?

Jerouschek widmet der Tatsache, dass die Deutschen sich zur Schmähung eines Dritten unter anderem des Götz-Zitates bedienen, erstmals größere wissenschaftliche Aufmerksamkeit. Ausgehend von den Unterschieden des Schimpfens, versucht er zu klären, ob die Deutschen schon immer eine besondere Vorliebe für das Anale hatten, oder ob diese sprachliche Eigenheit das Ergebnis einer historischen Entwicklung ist.

P📖V
Psychosozial-Verlag

Goethestr. 29 · 35390 Gießen · Tel. 0641/9716903 · Fax 77742
bestellung@psychosozial-verlag.de
www.psychosozial-verlag.de

Autorinnen und Autoren

Astrid Altenhöfer, geb. 1970 in Würzburg, Dr. phil. Dipl.-Psych., Psychologische Psychotherapeutin; Studium der Psychologie in Hamburg; Promotion und Weiterbildung zur Psychologischen Psychotherapeutin in Hamburg; seit 2004 tätig als wiss. Mitarbeiterin am Therapie-Zentrum für Suizidgefährdete im Universitätsklinikum Hamburg-Eppendorf. Publikationen u. a. zu Methoden der Psychotherapieforschung und zur Suizidalität im höheren Lebensalter.

Christoph Biermann, geb. 1936 in Bielefeld, Dr. med. IPA/DPV-Psychoanalytiker seit 35 Jahren in eigener Praxis, zuvor an der Universität Tübingen bei Prof. W. Loch tätig. Publikationen: Das Fremde ist das Deutsche (1995) Jahrb Psychoanal 35: 217–267, »Das Antlitz des Anderen« (E.Lévinas). In: Schlösser AM, Gerlach A (Hg) (2002) Gewalt und Zivilisation. Gießen (Psychosozial-Verlag) 109–132, »Ihr könnt nicht alle umbringen« – Hillel Klein 1942. In: Kremp-Ottenheim H et al. (2005) (Hg) Heilung und Stagnation in psychoanalytischen Behandlungen. DPV-Tagungsband.

Eike Hinze, geb. 1940, ist als Nervenarzt und Psychoanalytiker in freier Praxis und am Berliner Karl-Abraham-Institut als Lehranalytiker tätig. Schwerpunkte seiner Arbeit und Veröffentlichungen sind Fragen der psychoanalytischen Praxis, besonders bei älteren Patienten sowie Berührungspunkte der Psychoanalyse mit anderen Wissenschaften.

Gabriele Junkers, geb. 1946, Dr. phil. Dipl.-Psych. Psychoanalytikerin (DPV), Lehranalytikerin, niedergelassen in eigener Praxis. Tätigkeit in der Gerontologie und Gerontopsychiatrie in ambulanten, teilstationären und stationären Einrichtungen. Supervision, Coaching und Organisationsberatung und -entwicklung in Organisationen der Altenhilfe. Veröffentlichungen zu Psychoanalyse und Psychotherapie im Alter, Supervision, Organisationsberatung, Umgang mit demenziell Erkrankten.

Marina Kojer, geb. 1940 in Viterbo (Italien), Dr. med. (Ärztin für Allgemeinmedizin), Dr. phil. (Psychologie). Arbeitsgebiete: Geriatrie, Palliative Care, Erwachsenenbildung, Projektarbeit. Bis 2004 Chefärztin der 1. Med. Abteilung für Palliativmedizinische Geriatrie im Geriatriezentrum am Wienerwald (GZW) in Wien.

Konsulentin der IFF (Fakultät für Interdisziplinäre Forschung und Fortbildung) der Universität Klagenfurt, Abteilung Palliative Care und Organisations-Ethik. Gründungsmitglied des FPPG (Forum Palliative Praxis Geriatrie) in Wien.

Helmut Luft, geb. 1924, Dr. med., Arzt für Neurologie und Psychiatrie, Psychoanalyse und Psychotherapeutische Medizin. Lehr- und Kontrollanalytiker (DPV). Ehemals Leiter der Fachklinik Hofheim am Taunus.

Hartmut Raguse, geb. 1941, aufgewachsen in Schleswig. Studium der Theologie in Göttingen. Ab 1979 psychoanalytische Ausbildung in Basel. 1991 Ordentliches Mitglied und 1997 Ausbildungsanalytiker bei der SGPsa/IPV. 1993 Habilitation, 1997 Titularprofessor für Neues Testament und Hermeneutik an der Theol. Fakultät der Universität Basel.

Reiner Sörries, geb. 1952, Prof. Dr., seit 1992 Direktor des Museums für Sepulkralkultur in Kassel. Seit 1994 auch apl. Prof. für Christliche Archäologie und Kunstgeschichte an der Theologischen Fakultät der Universität Erlangen-Nürnberg.

Bertram von der Stein, geb. 1958, Dr. med., Psychoanalytiker (DGPT, DPG), Dozent am Institut für Psychoanalyse und Psychotherapie Düsseldorf, Arzt für Psychotherapeutische Medizin, Arzt für Psychiatrie und Psychotherapie. Von 1995 bis Ende 2003 in verschiedenen psychosomatischen Kliniken im nördlichen Rheinland u. a. in leitenden Funktionen tätig. Erfahrungen in psychosomatischer Rehabilitation und Psychotherapie mit Älteren und Migranten. Seit Mai 2003 niedergelassener Psychoanalytiker in eigener Praxis. Veröffentlichungen v. a. über Ich-strukturelle Störungen, Alkoholismus, autodestruktives Verhalten, Kriegstraumatisierungen und Migration.

Martin Teising, geb. 1951, Prof. Dr. phil., Facharzt für Psychiatrie und Psychotherapie, Psychotherapeutische Medizin, Psychoanalytiker (DPV, IPA). Ehemaliges Vorstandsmitglied der Deutschen Gesellschaft für Gerontopsychiatrie und – psychotherapie (DGGPP). Lehrt am Fachbereich Soziale Arbeit und Gesundheit an der Fachhochschule Frankfurt/M. in den Studiengängen Pflege und Pflegemanagement. Vorsitzender des Alexander Mitscherlich Instituts für Psychoanalyse und Psychotherapie e.V. Kassel, Mitglied der Arbeitsgruppe

Psychoanalyse und Altern. Arbeiten zu Suizidalität und Narzissmus im Alter, zur Pflegebeziehung, zur Funktion der Kontaktschranke, zur Psychosomatik des Diabetes mellitus und zu Krankheitsrepräsentanzen.

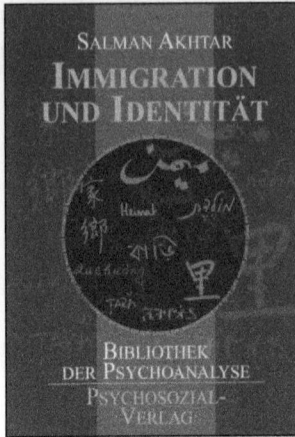

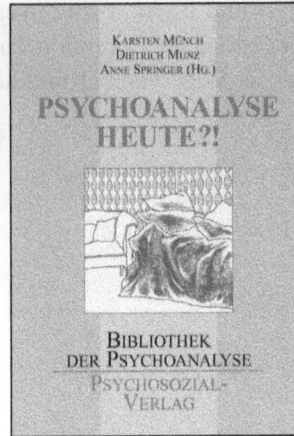

www.ingramcontent.com/pod-product-compliance
Lightning Source LLC
Chambersburg PA
CBHW020615270326
41927CB00005B/343